사장을 위한
명문장 260

CEO의
서재
31

비즈니스 명저에서 문제의 본질을 찾다

사장을 위한
명문장 260

시란 유 지음 | 김진연 옮김

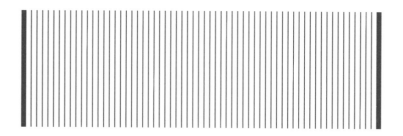

센시오

일류 사장은
명저에서 경영의 답을 찾는다

비즈니스 파트너와 미팅을 하던 중 "그 책 읽어 보셨죠?"라는 질문을 받았는데, 만약 당신이 그 책을 읽지 않았다면 어떻게 하겠는가? 보통은 아무렇지 않은 척 화제를 바꾸거나 일단 아는 척을 할 것이다.

그 자리에서 "아직 읽지 못했습니다"라고 솔직하게 대답하는 사람은 많지 않을 것이다. 그 이유는 무엇일까? 아마도 아직 읽지 못했다는 말이 "사실 저는 별로 공부를 안 해요"라는 말처럼 들리기 때문이리라.

각 분야의 정점에 선 사람들, 소위 '일류'라 일컬리는 사람들은 책을 정말 많이 읽는다. 그들은 책을 읽은 후 여러 아이디어나 자신의 생각을 누군가와 공유하길 좋아한다. 따라서 "지금 읽고 있는 책이 없다", "평소에 책을 읽지 않는다"라는 말은 일류인 사람들과 동등한 위치에서 커뮤니케이션할 수 없다는 뜻이다. 공통분모가 없는 사람은 안타깝게도 같은 무대에 설 수 없다. 이것이 비즈니스 세계의 냉혹한 현실이다.

아마도 성실한 사람이 이 말을 들으면 당장 책을 살 것이다. 그리고 읽으려고 노력할 것이다. 그러다 문득 집에 미처 다 읽지 못한 책들이 산더미처럼 쌓여 있다는 사실을 떠올리게 될 것이다. 당신도 혹시 이런 일들을 반복하고 있지는 않은가?

책의 본질을 파악하면 세상을 꿰뚫어 볼 힘이 생긴다

책은 구입한 바로 그날, 가장 속도를 내서 읽을 수 있다. 이때 단번에 읽지 못한 책이라면 신선도가 점점 떨어지게 된다. 따라서 구입한 첫날 얼마나 전력 질주할 수 있느냐가 중요하다.

책을 끝까지 읽는 것보다 더 중요한 것이 있다. 바로 책의 본질을 파악하는 것이다. 책을 아무리 많이, 끝까지 읽는다 하더라도 본질을 알지 못하면 아무런 의미가 없다.

'책의 본질을 파악한다'는 말은 '어느 시대에나 통용되는 보편적인 메시지를 찾아낸다'는 뜻이다. 독서를 통해 책의 본질을 파악할 수 있다면 세상 모든 일의 본질을 꿰뚫어 볼 힘이 생긴다. 이게 가능해졌을 때 비로소 책을 읽었다고 할 수 있다.

만일 같은 책을 읽은 내 옆의 누군가와 똑같은 의견밖에 내놓지 못한다면 그 책의 본질을 진정으로 파악했다고 할 수 없다. 나의 시점, 나의 각도에서 이야기할 수 있을 때 비로소 온전히 본질을 파악했다고 할 수 있다.

따라서 책을 읽을 때는 두 가지를 명심하도록 하자. 첫째, 깨달은 바를 내 삶에 어떻게 접목할 것인가. 둘째, 깨달은 바를 비즈니스에 어떻게 적용할 것인가.

어떤 책이라도 배울 점이 한 가지 이상 있기 마련인데, 하물며 수십 년, 수백 년 동안 꾸준히 사람들의 사랑을 받은 책은 어떻겠는가. 그 안에는 무수히 많은 삶의 지혜와 교훈이 담겨 있고, 그것을 얼마만큼 나의 것으로 만드느냐는 본인에게 달려 있다.

전 세계 리더들에게 영감을 준 명문장

그렇다면 책의 본질을 찾는 실마리는 무엇일까? 바로 책에 있는 하나하나의 문장이라 할 수 있다. 그 문장들을 우리는 '명언', '명문장'이라고 표현한다. 책의 중요한 부분마다 등장하는 이 명문장들이야말로 책의 본질을 그대로 담고 있으며, 독자들의 영혼을 뒤흔든다.

이 책은 동서고금을 막론하고 일류 리더, 특히 기업을 경영하는 사장에게 꼭 필요하다고 여겨지는 마흔네 권의 명저^{名著}를 다루고 있다. 그리고 각각의 책에서 그 책의 본질이라 할 수 있는 내용을 담고 있는 260개의 명문장을 뽑아 소개한다. 각각의 책 내용을 고작 몇 페이지에 걸쳐 소개한다는 것이 쉬운 일은 아니다. 하지만 나름대로 책의 본질을 이해하고, 그 실마리가 될 만한 명문장을 엄선했다.

물론 명저를 직접 읽는 것이 가장 좋다. 하지만 그럴 만한 시간을 좀처럼 내기 어려운 사장이라면, 일단은 이 책을 통해 해당 도서의 본질을 먼저 파악하고 영감을 얻길 바란다. 그리고 시간이 될 때 명저를 이렇게 찬찬히 읽어 보시라. 지루하고 멀게만 느껴졌던 책이 예전보다 훨씬 수월하게 읽힐 것이다.

사람은 자신의 삶의 방식을 일깨워 주는 말을 만나면 인생이 변한다. 명저에는 이렇게 운명을 바꿔 줄 말이 가득 담겨 있다. 명저는 명문장의 보고인 셈이다. 이 책을 통해 당신의 인생을 바꿔 줄 말을 만난다면 그보다 더 기쁜 일은 없을 것이다.

2장.
최고의 리더는 어떻게 조직을 이끄는가

3장.
익숙함을 경계하면 새로운 길이 보인다

260 Great Inspirational Business Quotes

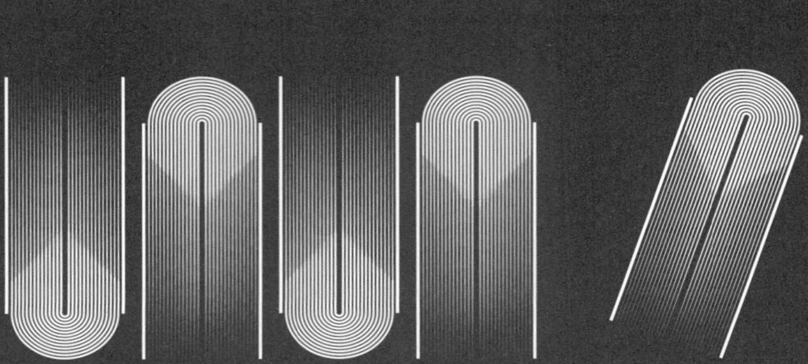

1장

남을 경영하기 전에
나를 먼저 경영하라

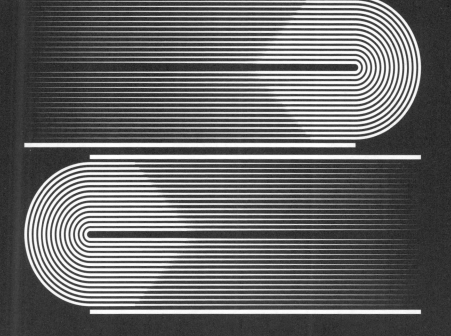

01.

패러다임을 점검하지 않고
겉으로 드러나는
행동이나 태도만 바꾸려 한다면
아무런 의미가 없다

《성공하는 사람들의 7가지 습관The 7 Habits of Highly Effective People》
스티븐 코비Stephen R. Covey

영국 《이코노미스트The Economist》가 세계에서 가장 영향력 있는 사상가라고 평한 스티븐 코비의 작품이다. 성공에 관한 서적이나 논문을 200년을 거슬러 올라가며 연구해 쓴 책으로, 진정한 성공은 원리 원칙에 따른 '인격 육성'에 있다고 강조한다. 그는 표면적인 기술이나 임기응변식 재주, 개성, 전략 등으로 성공과 부를 쟁취한 사람들은 곧 사라졌다고 말한다. 이 책 이후 세계를 바라보는 관점, 즉 '패러다임paradigm의 전환'이라는 주제가 전 세계를 휩쓸었다.

성공하는 사람들은 자신의 삶을 주도한다

스티븐 코비는 사고의 바탕이자 기본인 패러다임을 바꿀 때 우리의 태도와 행동 또한 근본적으로 변화한다고 말한다. 그는 성공하는 사람들의 습관을 일곱 가지로 정리했다.

첫째, 자신의 삶을 주도한다.
둘째, 목적을 가지고 시작한다.
셋째, 중요한 것을 우선시한다.
넷째, 윈-윈**Win-Win**을 생각한다.
다섯째, 먼저 이해하고 다음에 이해시킨다.
여섯째, 시너지를 낸다.
일곱째, 끊임없이 쇄신한다.

스티븐 코비는 이 중에서도 첫 번째 습관인 '자신의 삶을 주도한다'를 중요하게 여긴다. 그렇다면 '자기 삶을 주도한다'는 것은 구체적으로 어떤 의미일까?

패러다임이 다르면 반응도 다르다

스티븐 코비는 '자기 자신이 세계를 어떻게 바라보는지 알아야 한다'고 강조한다. 다시 말해 패러다임에 주목하라는 것이다.

패러다임은 세계를 보는 관점으로, 우리의 인식, 이해, 해석을 결정한다.

패러다임과 성품은 분리할 수 없다. 인간적 차원에서는 존재에 따라 보는 관점이 다르기 때문이다. 즉, '우리가 무엇을 보는가' 는 '우리가 어떤 존재인가'와 밀접한 관계에 있다.

당신은 무슨 일이 일어났을 때 어떻게 반응하는가? 그런데 그 반응은 사실 당신 내면에 있는 '패러다임'의 작용 때문에 일어난다고 말하면 깜짝 놀랄지도 모르겠다. '이 세상을 어떻게 바라보는가'와 성품은 떼려야 뗄 수 없는 관계다.

실제로 같은 상황에 직면하더라도 사람은 저마다 그 반응이 각각 다르다. 각자의 패러다임이 다르기 때문에 반응이라는 결과물도 다른 것이다.

자신의 패러다임은 자기 스스로 바꿀 수 있다!

패러다임을 바꿀 때 중요한 것은 두 가지다. 하나는 '주체성'이고, 또 하나는 '반응은 선택할 수 있다'는 것이다.

주체성은 성공하는 사람들의 일곱 가지 습관 중 '자신의 삶을 주도한다'라는 첫 번째 습관과 통한다. 다시 말해 '주체적으로,

자기 주도적으로 산다'라는 말은 '인사이드 아웃inside out', 즉 '내면에서부터 변화하는 삶을 산다'는 것을 의미한다. 자신이 외부 환경에 휘둘리고 있다고 느낀다면, 이는 주체적으로 살고 있지 않기 때문일 수 있다. 예를 들어 이런 느낌이다.

"비가 와서 상담이 잘 안됐다", "전철이 늦게 와서 시험장에 늦게 도착하는 바람에 시험에서 떨어졌다", "무능한 상사 때문에 출세를 못 하고 있다"…. 이처럼 결과에 대한 이유를 외부에서 찾는 이상, 사람은 성장할 수 없다.

이래서는 패러다임의 전환 또한 이뤄질 리가 없다. 그렇다면 왜 이렇게 돼 버린 걸까? 그것은 다름 아니라 주변 상황이 변화되길 바라는 삶의 방식 때문이다. 그런데 이런 삶의 방식은 주체적이지 않다. 계속 이렇게 사는 한 아무리 시간이 흘러도 주변 풍경은 변하지 않는다.

'내 인생의 고삐는 내가 쥔다.' 이렇게 결심하는 데서부터 길이 열린다. 이 말은 '부정적 태도를 긍정적 태도로 바꾸라'는 의미가 아니다. '자기 자신이 통제할 수 없는 일에 연연하지 말라'는 의미다. 자기 스스로 통제할 수 있는 일에만 집중하고 책임을 지라는 말이다.

스티븐 코비는 "반응은 선택할 수 있다"라고 말하며, 이 말의 중요성을 강조한다. '자극→반응'이 아니라 자극과 반응 사이에 '선택의 자유'가 존재한다는 것이다.

만약 당신이 누군가에게 심하게 화를 냈다면, 그것은 당신이 '화를 내겠다'고 선택했기 때문이다. 이는 앞에서 말한 주체성과도 연결된다. '자신의 인생을 책임지겠다'고 결심한 순간 당신은 당신 스스로 반응을 선택할 수 있다는 사실을 깨닫게 된다. 그리고 그때 비로소 '아웃사이드 인outside in', 즉 '외부 요인 탓으로 돌리던 습관'으로부터 해방된다.

스킬을 뛰어넘어 진정한 인격자가 되는 길

스티븐 코비는 '스킬을 뛰어넘으라', '보편적인 원리 원칙대로 살라'라는 의미에서 이렇게 말한다.

인간관계에서 크나큰 힘을 발휘하는 기술이 진짜 존재한다면, 이는 진정으로 독립적인 인격에서 자연스럽게 흘러나오는 것이어야 한다.

당신은 누군가에게 미움받지 않기 위해 어떤 식으로든 당신의 행동을 평가절하하지는 않는가? 사랑받고 싶다는 마음에 무리하고 있진 않은가? 그럴 때는 위의 말을 믿고 앞으로 나아가길 바란다. 사장은 결과적으로 사랑받으면 되는 것이다.

무슨 말을 하고 무슨 행동을 하느냐가 아니라 자신이 어떤 인간인지를 주위에 알리는 것이 무엇보다 중요하지 않을까? 사장의 사고방식이나 가치관을 형성하는 패러다임을 이해할 수 없다면, 그 사장을 따를 사람은 없을 것이다.

신뢰받는 일은 사랑받는 일보다 위대하다. 그리고 나는 오랜 시간 신뢰를 받으면 사랑 또한 받을 수 있다고 확신한다.

변화는 자기 자신을 마주하는 데서부터!

인생의 진정한 변화는 '일부러라도 웃으면 기분이 좋아진다'라는 식으로 단순하게 이뤄지는 것이 아니다. 패러다임이 그 사람을 만든다.

행동이나 태도의 근원인 패러다임을 점검하지 않고 겉으로 드러나는 행동이나 태도만 바꾸려 한다면, 이는 길게 봤을 때 아무런 의미가 없다.

'자신이 세계를 어떤 관점에서 바라보는가' 하는 전제나 가치관을 제대로 마주하지 않으면 패러다임의 전환은 일어나지 않는다. 자기 자신을 제대로 바라보기를 외면하고 도망치는 한, 새로운 길은 열리지 않는다. 아무것도 변하지 않는 것이다.

02.

사소한 일을 어떻게 처리하느냐로 그 사람의 지위나 역량을 가늠할 수 있다

《자조론Self-Help》
새뮤얼 스마일즈Samuel Smiles

의사이자 정치 개혁가였던 새뮤얼 스마일즈가 1859년에 쓴 책으로, 자기계발서의 원조로 평가받고 있다. 발행 당시부터 화제가 되었고, 1904년 그가 사망하기까지 25만 부 이상 판매되었으며, 현재도 세계 각국에서 계속 발매되고 있다. "하늘은 스스로 돕는 자를 돕는다"라는 유명한 말로 시작되는 이 책은 고대 그리스 시대부터 근대까지 성공한 인물 100여 명의 생애와 업적을 바탕으로 이 격언이 진리라는 것을 입증한다. 저자는 개인의 행복과 안위는 국가나 제도, 또는 출신 배경이 아니라, 자기 자신을 스스로 도우려는 자조自助 정신에 달려 있다고 역설한다.

위인전은 인간의 바람직한 모습의 보고

새뮤얼 스마일즈는 '위인전 연구가'라고 해도 과언이 아니다.

뛰어난 인물에 관한 이야기를 읽으면 누구나 마음이 한층 더 여유로워지고, 무언가 결단을 내릴 때도 격려를 받는다.

전기는 이러한 귀중한 인간의 생애를 알기 쉬운 말로 전달한다. 그리고 목표를 달성하는 데 필요한 것이 무엇인지를 명확하게 제시한다.

위인전은 인간의 무한한 가능성을 증명해 보여주는 것이라는 말이다. 그러면서 저자는 한결같이 '근면과 실천'을 주장한다. 그렇다면 그 근면의 끝에 무엇을 얻을 수 있을까?

인격자로서의 삶을 목표로 삼자

새뮤얼 스마일즈의 최종 목표는 출세가 아니다. 그는 출세 너머의 세계를 목표로 하라고 이야기한다. 그러면서 근면과 성실 끝에 도달해야 할 세계는 '인격자가 되는 것'이라고 한다. 이런 저자의 마음이 잘 드러나는 몇 문장을 소개하고자 한다.

사람은 누구나 뛰어난 인격을 갖추는 것을 인생 최대의 목표로 삼아야 한다.

진정한 인격자인지, 아닌지를 가늠할 수 있는 기준은 많다. 그 중에서도 틀림없는 방법은 그 사람이 아랫사람을 어떻게 대하는지를 보는 것이다.

아랫사람에게 어떻게 행동하는가? 예를 들어 남자라면 여자나 어린아이에게 어떤 태도를 취하는가? 상사라면 부하 직원에게, 교사라면 학생에게, 사장이라면 직원에게 어떤 태도를 보이는가를 보면 된다. 여기서 중요한 것은 '분별', '관용', '배려'다.

사람은 자신보다 약하거나 낮은 위치에 있는 사람을 마주할 때 자기도 모르게 방심하게 된다. 바로 이럴 때 그 사람의 인격은 시험대에 오른다. 자신의 재능에 교만하지 않고, 배려하는 마음을 잊지 않으며, 세심하게 신경 쓸 줄 아는 사람에게는 누구나가 매료된다. 그런 사람에게서는 삶의 활력이 넘쳐흐르기 때문이다.

당신에게는 활력이 넘쳐흐르는가? 흔들림 없는 인생관이 있는가? 이것들을 손에 넣고 싶다면 먼저 뛰어난 인격을 목표로 삼길 바란다.

진정한 인격자는 (…) 다른 사람에게 보여지는 품성보다 자기

자신에게만 보이는 품성을 소중하게 여긴다.

당신은 누군가 당신을 평가하지 않아도 움직일 수 있는 사람인가? 인격자는 자신만 볼 수 있는 부분도 성실하게 가꾼다. 자기 자신을 더럽히지 않는 삶을 산다. 인격은 순간순간의 결단이 오랜 시간 쌓이고 쌓여 만들어진다.

비즈니스에서는 사소한 일을 어떻게 처리하느냐로 그 사람의 지위나 역량을 가늠할 수 있다.

《자조론》에는 16세기의 선교사 프란시스코 사비에르Francisco Xavier의 일화가 소개된다. 스페인 출신인 그는 선교 활동을 위해 배를 타고 동양으로 향하던 중 개인 선실을 배정받았음에도 뱃사람들과 함께 갑판에서 먹고 자고 생활했고, 그로 인해 뱃사람들의 마음을 사로잡아 존경까지 받게 되었다고 한다. 다른 사람의 마음을 사로잡는 것은 이런 사소한 행동인 것이다.

하루에 15분을 어떻게 쓰고 있는가?
새뮤얼 스마일즈는 작은 일들이 쌓이고 쌓여 얼마나 큰 위력을 발휘하게 되는지에 대해 말한다.

한 시간도 필요 없다. 하루에 15분이라도 좋으니 자기 수양에
힘쓰길 바란다. 1년 후에는 분명 확실한 효과가 나타날 것이다.

예를 들어, 매일 꾸준히 0.1퍼센트의 노력을 기울인다면 얼마
나 성장하게 될까? 매일 0.1퍼센트씩 노력을 기울이다 보면 1년
후에는 1.44배의 힘을 지닐 수 있게 된다. 3년 후에는 2.98배, 5년
후에는 6.19배, 10년 후에는 무려 38.4배나 성장하게 된다. 과거
의 당신과는 완전히 다른 사람이 되는 것이다.

**베네치아의 한 귀족이 미켈란젤로에게 자신의 흉상을 만들어
달라고 의뢰했다. 열흘 만에 흉상을 완성한 미켈란젤로가 대금
으로 금화 50냥을 청구하자 귀족은 '고작 열흘 만에 완성한 작
품치고는 터무니없이 비싸다'며 항의했다. 그러자 미켈란젤로
가 말했다. "당신은 뭔가를 잊고 있습니다. 내가 흉상을 열흘
만에 만들 수 있게 되기까지 지난 30년 동안 얼마나 많은 노력
을 기울여 왔는지를 말이죠!"**

20세기를 대표하는 화가 피카소 역시 고작 30초 만에 그린
그림치고는 값이 너무 비싸다고 말한 고객에게 미켈란젤로가 말
한 것처럼 자신이 그렇게 되기까지 얼마나 많은 시간을 그림 그
리는 데 바쳤는지를 설명했다.

사소한 일도 예사롭게 넘기지 말라

역사적인 인물, 뛰어난 리더에게는 또 하나의 공통점이 있다.

관찰력이 그 사람의 우열을 결정한다.

그들은 한결같이 모두 관찰력이 매우 뛰어나다는 점이다. 그
들은 자기 자신뿐 아니라 부하 직원, 세상사, 세계를 바라볼 때
관찰력을 동원했다. 관찰력은 그 사람이 세상을 바라보는 통로
다. 아무리 사소한 일일지라도 예사롭게 넘기지 않고, 세심하게
관찰하고 대응할 때 마침내 그 사람의 노력은 진가를 발휘하게
된다.

03.

믿거나 의심하는 데는
판단력이 필요하다.
이를 확립하는 것이
학문의 목적이다

《학문의 권장学問のすすめ》

후쿠자와 유키치福沢諭吉

저자는 근대 일본을 대표하는 계몽사상가로, '일본 근대화의 아버지'라고 불리는 인물이
다. "하늘은 사람 위에 사람을 만들지 않고, 사람 밑에 사람을 만들지 않는다"라는 말로
유명하다. 일본에서 수업료를 받아 운영하는 '대학'이라는 비즈니스 모델을 처음 구축한
장본인이기도 하다. 혼돈에 빠져 있던 시대에 이정표를 갈구하던 사람들이 앞다투어 이
책을 읽었다.

학문은 왜 해야 할까?

후쿠자와 유키치가 가장 전하고 싶었던 메시지는 무엇이었을까? 분명 '학문하라'는 말은 아니었으리라. 학문은 어디까지나 '큰일을 하기 위한' 기술에 불과하다. 그가 독자들에게 호소하고 싶었던 것은 '자신의 의견을 지닌 사람이 되기 위해 학문에 힘쓰라'라는 것이었다.

이 책의 시대적 배경에 대해 생각해 보면 이 말이 이해가 될 것이다. 이 책이 출간되기 몇 해 전인 1868년, 당시 일본에서는 250여 년간 이어져 왔던 도쿠가와 막부 체제가 붕괴되고 메이지 유신이 태동했다. 갑작스러운 사회 체제의 변화로 사람들은 큰 혼란에 빠졌을 것이다. 지금까지 믿어 왔던 가치관이 완전 뒤집어졌다고 해도 과언이 아니었을 것이다. 이러한 상황에서 이정표가 없는 사람들에게 후쿠자와 유키치는 《학문의 권장》을 통해 '자기 머리로 생각해 행동할 수 있는 사람이 되라'라는 메시지를 던졌던 것이다.

책을 읽어야 한다. 책을 써야 한다. 다른 사람과 의견을 나눠야 한다. 다른 사람에게 자신의 생각을 설명해야 한다. 이러한 방법을 다 사용했을 때 비로소 학문을 했다고 할 수 있다.

후쿠자와 유키치는 학문의 본래 취지는 정신을 움직이는 데 있다고 이야기한다. 매사를 관찰하고, 도리를 추리하고, 자신의 의견을 내놓을 수 있어야 한다는 말이다. 배우지 않으면 자신의 머리로 생각하고 자신의 의견을 내놓을 수 없다는 말이다.

믿거나 의심하는 데는 판단력이 필요하다. 이를 확립하는 것이 학문의 목적이다.

큰일을 하려면 강한 의지가 필요하다

여기서 잊어서는 안 될 점이 있다. '학문을 하려면 강한 의지가 필요하다'는 점이다. 다시 말해 의지가 강하지 않으면 그 움직임 또한 고상할 수 없다는 말이다. 의지와 실천이 흔들리지 않도록 균형을 잡아야 한다고 주장한 후쿠자와 유키치는 인간을 움직이게 만드는 정신적 토대를 되돌아보는 일을 '의지'라는 단어로 표현했다.

학문에서는 이를 실제로 활용하는 것이 중요하다. 실제로 활용하지 못하는 학문은 학문이라 할 수 없다.

마음은 높은 곳에 있는데 움직이지 않는 사람은 항상 불평불만을 품고 살아간다.

어디를 향해 나아가면 좋을까?

그의 말들은 오늘날에도 크게 동떨어진 소리 같지 않다.

다시 말해 우리에게는 후세에 우리가 이 세상에 존재하고 살았다는 증거를 남길 막중한 임무가 있다.

당신은 지금 후손들이 본받을 만한 지혜로운 삶을 살고 있는가? 눈앞에 있는 일에만 얽매여 있지는 않은가? 당신에게 주어진 소명을 다하기 위해 용기 있게 앞으로 나아가고 있는가?

의지만으로는 안 된다. 실천해야 한다. 그리고 그 끝에 당신이 남기고자 하는 것이 있어야 한다.

진정으로 독립적인 삶이란?

누구나 스스로 생각하고 자신이 바라는 삶을 살고 싶을 것이다. 그렇다면 독립과 반대되는 '의존'은 독립과 어떻게 다를까?

독립할 기개가 없는 사람은 반드시 남에게 의지하게 된다. 남에게 의지하는 사람은 반드시 그 사람을 두려워하게 된다. 사람을 두려워하는 사람은 반드시 그 사람에게 아첨하게 된다.

다른 사람에게 의존한 채로 살다 보면 자기 마음속에 두려움 이라는 감정이 싹튼다는 말이다. 두려움이라는 감정은 아무것도 만들어 내지 못한다. 적어도 생산적인 삶의 방식은 아니다.

지금은 '이거면 된다', '이렇게 하면 된다' 같은 삶의 방식이 완전히 사라진 시대다. 그렇다고 다른 사람에게 의존하지 말라 는 말이 다른 사람에게 기대지 말고 다른 사람을 믿지 말라는 말 은 아니다.

후쿠자와 유키치는 '자신을 좀 더 믿고 앞으로 나아갈 수 있 도록 자기 자신에게 기대는 삶을 목표로 삼으라'라고 말하고 싶 었던 것은 아닐까?

최종 목표와 그것을 달성하는 방법은 올바른가?

일반적으로 '사물의 이치'는 일을 하는 데 필요한 순서나 단계를 의미한다.

재능이나 인간성을 몸에 익히기 위해서는 사물의 이치를 알 필 요가 있다.

후쿠자와 유키치는 문자를 배워야 한다는 주장도 한다. 나아 가 "문자는 학문을 위한 도구에 불과하다"라고도 말한다.

그렇다면 가장 중요한 최종 목표는 무엇일까? 그것을 알면 그곳에 도달하기까지의 순서나 단계는 어디까지나 방법론에 불과하다는 사실을 알 수 있다. 혹 당신의 최종 목표와 그것을 달성하기 위한 방법, 목적과 수단이 잘못 설정되어 있지는 않은지 돌아보자.

04.

인간이 목표를 향해 나아가게 만드는 힘은 '나는 그것을 달성할 수 있다'는 신념에서 생긴다

《위대한 생각의 힘As a Man Thinketh》

제임스 알렌James Allen

베일에 싸여 있는 철학자 제임스 알렌의 대표작으로, 1902년 출판되었다. 성서에 버금갈 정도로 전 세계적으로 많이 읽힌 책이다. '현대 성공 철학의 대가'라 일컬리는 데일 카네기Dale Carnegie, 오그 만디노Og Mandino 등도 이 책을 읽었다고 한다. 이 책에서 저자는 좋든 싫든 마음속에 품은 생각에 의해 자신의 운명이 결정된다고 말한다. 그리고 성공한 사람들은 자신의 생각이 환경을 만든다는 사실을 알고 있다고 한다. 이 책은 열매라는 결과로 판단하지 않고 씨앗이라는 원인에 의식을 집중해 자신을 통제하는 방법에 대해 다룬다.

자신이 되고 싶은 사람이 되려면 무엇이 필요할까?

당신은 하루하루 가슴에 어떤 생각을 품고 생활하는가? 사람들은 '자신의 생각이 인격을 만든다'라고 하면 '설마!' 하고 놀랄지도 모른다. 그런데 무엇보다 '당신은 당신이 되고자 하는 사람이 된다'는 것과 '마음은 자기 마음속에 품고 있는 것을 끌어당긴다'는 점을 이해해야 한다. 환경이 나쁜 것이 아니라 당신의 생각이 환경이라는 결과로 나타난다는 말이다.

자신의 바람을 이룰 수 있는 사람의 특징

나는 능력 있는 경영자란 곧 '나는 할 수 있다'라는 전제하에 생각하는 경영자라고 이해한다. 사실 내가 컨설팅하는 모든 경영자들은 '할 수 있다'라는 전제하에 일하고 활약한다. 이 경지에 도달하지 못하는 사람은 자기 인생의 창조자가 될 수 없다.

인간이 목표를 향해 나아가게 만드는 힘은 '나는 그것을 달성할 수 있다'는 신념에서 생긴다.

의심이나 두려움은 그 어떤 것을 달성하는 데도 도움이 되지 않는다.

당신은 당신 마음속에서 생겨나는 의심이나 두려움 때문에 괴롭지는 않은가? 의심이나 두려움은 목표를 세우고, 그것을 달성하는 것을 방해한다. 그 생각이 현실에서 의심, 두려움과 관련된 일을 끌어당기기 때문이다.

그렇다면 도대체 당신이 바라는 일은 어떨 때 이뤄질까?

우리의 바람이나 소원은 우리의 생각이나 행동이 그것과 조화를 이룰 때만 이뤄진다.

한 사람의 생각과 행동이 서로 달라서는 바람이 이뤄지지 않는다는 말이다. 우주는 혼란이 아닌 질서를 좋아한다는 사실을 이해해야 한다.

자신을 통제할 수 있을 때 성공이 함께한다

저자 제임스 알렌은 말한다.

사람은 평온해질수록 더 큰 성공, 더 큰 영향력, 더 큰 권위를 손에 넣을 수 있다.

평온이 큰 영향력을 발휘하는 이유는 무엇일까? 이는 평온함이 자기 통제 위에 오랫동안 기울여 온 노력의 결과로 나타나는 것이기 때문이다. 하루하루 '원인과 결과'라는 법칙과 함께 살아온 사람만이 도달할 수 있는 경지라고 표현해도 좋을 듯하다.

사람이 평온함을 유지할 수 있는 이유는 자기 자신을 통제할 수 있기 때문이다. 그리고 이런 사람이야말로 강한 사람이다. 리더가 정서가 불안하고 자기 자신을 통제하지 못한다면, 이는 치명적이다. 평온함이 몸에 밴 사람이 진정 강한 사람이다. 그리고 사람들은 이런 사람을 따른다.

당신은 평온한 사람인가? 혹은 당신 주변의 리더들은 몸에 평온함이 배어 있는가?

어떤 열매를 수확하고 싶은가?

《위대한 생각의 힘》은 채 100페이지도 되지 않아 눈 깜짝할 사이에 다 읽을 수 있다. 그런데 다 읽고 나면 첫 페이지부터 다시 읽고 싶어지는 신기한 책이다.

"행동은 생각의 꽃이고, 기쁨과 고통은 그 열매다. 따라서 사람은 밭을 어떻게 가느냐에 따라 달콤한 열매를 수확할 수도 있고, 쓴 열매를 수확할 수도 있다."

당신은 혹시 토마토 씨앗을 뿌려 놓고 멜론을 수확하지 못했다며 투덜거리고 있지는 않은가? 당신은 어떤 씨앗을 뿌렸는가?

자신이 어떤 생각의 씨앗을 뿌렸는지 되돌아볼 때 이 책을 활용해 보면 어떨까?

"남의 떡이 커 보인다"라는 속담이 있다. '다른 사람 것은 무엇이든 좋아 보인다'는 뜻이다. 이럴 때 결과에만 시선을 빼앗긴다면 당신의 마음이 몇 개일지라도 불안할 것이다.

그보다는 '그 사람이 보이지 않는 곳에서 어떤 씨앗을 뿌리고, 얼마나 열심히 물과 비료를 주며 노력을 기울여 왔을지'를 생각해야 한다. 그 성과를 만든 배경을 생각할 수 있는 사람만이 이후 자신의 열매를 수확할 수 있다.

그렇다면 우리는 어떤 인생을 설계해야 할까?

사람은 자기 인격의 창조자이며, 자신에게 주어진 환경과 운명의 설계자다.

"상품 설계가 매출 상한선을 결정한다"라는 말이 있다. 이 말은 처음 상품을 설계하는 단계에서 매출 목표를 어떻게 잡는가에 따라 그 상품의 성공 여부가 결정된다는 의미다. 사람도 마찬가지일지 모른다. 인생을 어떻게 설계하느냐가 그 후 수확하게 될 열매를 결정한다. 능력 있는 사장의 머릿속에는 누구에게도 보이지 않는 설계도가 이미 완성되어 있다는 사실을 기억하자.

05.

얼마나 책임질 수 있느냐가
얼마나 성공할 수 있느냐를
결정한다

《아버지가 아들에게 보내는 편지 Letters of a Businessman to His Son**》**

G. 킹슬리 워드G. Kingsley Ward

저자는 공인회계사 출신으로 여러 회사를 경영하며 성공을 거머쥔 인물이다. 경영자에게
요구되는 처세에 관한 원리 원칙을 유머 넘치는 문체로 써 내려간 명저다. 책은 저자가
그의 아들에게 쓴 편지 내용으로 채워져 있다. 아들 나이 열일곱 살 때부터 쓰기 시작한
편지는 약 20년 후 아들이 회사를 물려받을 때까지 계속된다. 평소 독서를 좋아했던 저
자답게 책에는 철학자, 시인, 각계 리더의 명언이 여기저기 배치되어 있고, 무엇보다 아들
에게 사물의 본질에 대해 알려 주기 위해 애쓴 흔적이 곳곳에서 잘 드러난다.

아버지의 '경험'이라는 위대한 유산

이 책에는 우리가 실제 사회생활을 하면서 직면하게 되는 문제와 고민의 해답이 거의 다 망라되어 있다. 여러 회사를 경영하며, 그 회사들을 성공으로 이끈 경영자로서 아들에게 해 줄 이야기 또한 많았으리라. 예를 들어, 어떻게 하면 부하 직원과 좋은 팀워크를 유지할 수 있는지에 대해, 독서의 가치에 대해, 은행에서 원활하게 융자를 받는 방법에 대해, 사업을 확장할 때의 문제점에 대해, 스트레스에 대처하는 방법에 대해, 진정한 행복이란 무엇인가 등에 대해서 말이다.

사회생활을 하려면 '성공이란 무엇인가?'에 대해 자기 나름대로 정의를 내려야 한다. G. 킹슬리 워드는 아들에게 다음과 같이 이야기한다.

사람은 실패할 때마다 무언가를 배운다.

"이는 책임감 있는 태도일까?" 자기 자신에게 이렇게 물어보길 바란다. 얼마나 책임질 수 있느냐가 얼마나 성공할 수 있느냐를 결정한다.

일곱 개의 회사를 경영하며, 그 회사들을 성공으로 이끈 저자가 아들에게 알려 주고 싶어 한 리더로서의 삶은 어떤 것이었을까? 지금부터 살펴보자.

뛰어난 지도력은 사람들과 소통하려는 노력에서 시작된다.

최고의 자리에 오르는 능력 있는 사람이 되고 싶다면 넓은 시야가 필요하다. 하지만 이를 습득할 기회를 얻을 수 있는 사람은 별로 없다.

G. 킹슬리 워드는 아들이 사람들과 어울려 세상을 살아가는 방법을 터득하기를 바라는 마음으로 이 편지를 써 내려갔을 것이다. 아들이 아버지의 마음처럼 이런 자질들을 소중하게 여겨 준다면 얼마나 좋을까! 다음은 이런 아버지의 마음이 한껏 느껴지는 부분들이다.

아들에게 알려 주고 싶은 8가지 기질
G. 킹슬리 워드가 아들에게 알려 주고 싶어 한 여덟 가지 기질은 다음과 같다.

- 유머
- 인내
- 도전을 받아들일 용기
- 확신

- 고결한 품성   • 우정
- 책임감   • 정신적 여유

　흥미롭게도 저자는 그 첫 번째 자질로 '유머'를 들었다. 이 책을 읽다 보면 그 이유 또한 금세 알 수 있다. 편지 문체가 정말 독특하기 때문이다.

　사람들은 유머를 즐길 줄 아는 사람을 만나면 그것만으로도 안정감과 안도감을 느낀다. 유머는 여유가 없는 사람에게서는 느껴지지 않기 때문이다.

　저자가 매번 편지를 마무리하면서 자신을 어떻게 표현했는지를 보면 그가 유머를 얼마나 중요하게 여겼는지를 알 수 있다. 그리고 이를 이해하면 이 책을 한층 더 즐겁게 읽을 수 있다. 저자는 때로는 "아들을 끔찍이 사랑하고 아끼는 아빠가", 때로는 "너의 응원단장이", 때로는 "같은 길을 목표로 하는 친구가", 때로는 "공동 경영자가", 때로는 "책벌레가"라는 말로 편지를 끝맺는다. 유머야말로 인간으로서 그 사람의 도량이 얼마나 넓은지를 드러내 준다.

사람은 성공한 사람의 현재 모습만 보기 십상이다. 성공하기까지의 오랜 노력과 실패, 결핍, 그리고 성공에 이르기까지 맞닥뜨리고 극복해 온 많은 난관은 보려고 하지 않는다.

진정한 행복이란 무엇일까?

저자는 지그문트 프로이트Sigmund Freud나 알프레트 아들러Alfred Adler의 주장이 틀렸다고 이야기한다.

프로이트는 인간은 '쾌락'을 통해, 아들러는 '권력 추구 의지'를 통해 행복을 얻을 수 있다고 주장했다. 하지만 저자는 이에 공감할 수 없다고 말한다. 그렇다면 저자가 생각한 진정한 행복이란 무엇일까?

저자는 '행복은 성취감'이고, 우리는 '자기 자신이 정한 어떤 목표를 달성했을 때 진정한 행복을 맛볼 수 있다'라고 주장한다.

건강은 행복의 기본 조건이다. 회사에서 직원들이 그들의 타고난 능력을 발휘하기 위해서는 건강과 행복, 두 가지 조건을 모두를 갖추어야 한다.

성취감을 느끼려면 명확한 목표가 있어야 한다. 저자는 아들에게 "꿈꿔라", "도전해라", "실패도 해봐야 한다", "성공을 경험해라"라는 말들을 남기고 싶어 했다. 혹 당신은 도전하고 있는가? 누군가의 비판이 두려워 무난한 삶을 선택하지는 않았는가?

당신이 만나는 사람 중 당신에게 가치 있는 비판을 하는 사람은 10퍼센트밖에 안 된다. 나머지 90퍼센트의 사람은 선망, 악의,

어리석음, 또는 그저 무례함 때문에 당신을 비판한다.

아들에게 알려 주고 싶은 자질 중 하나로 '고결한 품성'을 꼽으면서 G. 킹슬리 워드는 다음과 같이 말했다.

명성과 부는 일생을 살면서 아주 찰나의 순간으로 끝날 수 있다. 반면 진실과 신용은 가치 있는 삶을 지탱해 주는 기둥이다.

학생 시절에 나는 한 경영자에게 "비즈니스에서 가장 중요한 것은 무엇입니까?"라는 질문을 던진 적이 있다. 그런데 이 질문에 대한 그 경영자의 답변은 너무나도 단순했다. "그야 신용이죠."

너무 뻔한 그의 대답에 나는 맥이 빠지고 말았다. 하지만 세월이 흐를수록 이 말의 무게를 실감하곤 한다. 금융 측면에서 말하자면 '신용이 있다'는 것은 '그만큼 위험이 적다'는 의미이기도 하다.

06.

신념에 의해 소망은
틀림없는 현실이 된다

《놓치고 싶지 않은 나의 꿈 나의 인생Think and Grow Rich》
나폴레온 힐Napoleon Hill
'철강왕' 앤드루 카네기Andrew Carnegie로부터 성공의 법칙을 체계화해 보지 않겠냐는 제
안을 받고 500명 이상의 세계 최고 거부들과 성공한 사람들의 협조와 연구를 거쳐 완성
한 책이다. 20년에 걸친 조사 끝에 1937년 발행한 이 책은 지금까지 전 세계에서 1억 부
이상 판매되었다. 세계 일류 리더라면 한 번쯤 읽어 봤다고 해도 과언이 아닌 책이다. "잠
재의식은 의식의 일부다", "그리고 이것이 신념 같은 강한 감정과 맞물렸을 때 인생은 크
게 변화되기 시작한다"라고 주장한다.

생각이란 무엇일까?

'사람은 자신이 생각하는 대로의 사람이 된다. 이렇듯 사람은 자신이 하는 생각과 열망에 의해 만들어진다.' 이것이 나폴레온 힐의 기본 입장이다.

그렇다면 생각이란 무엇일까? 열망은 또 무엇일까?

생각은 하나의 실체다. 그것도 그 생각을 현실로 만들고자 하는 충동을 내포한 실체라 할 수 있다. 그것은 강한 에너지를 가지고 있다.

열망이란 사고의 번뜩임이다. 이 번뜩임에도 에너지가 있다.

이 말을 이해하는 데 필요한 키워드는 '잠재의식'이다. 잠재의식을 잘만 활용하면 번뜩이는 생각을 떠올릴 수 있고, 목적을 달성하는 데 필요한 명확한 계획이나 아이디어도 얻을 수 있다는 말이다.

잠재의식은 의식의 일부분이다. (…) 잠재의식은 신념과 같은 강한 감정과 맞물린 목표나 열망에 특히 더 민감하게 반응한다는 특징이 있다.

그렇다면 잠재의식을 어떻게 내 편으로 만들 수 있을까?

잠재의식과 교신하는 데는 '감정'이 필요하다. 단, 좋은 리더가 되고 싶다면 그 감정은 적극적인 감정이어야 한다.

나폴레온 힐은 일곱 가지 적극적인 감정으로 '소망, 신념, 애정, 성욕, 정열, 낭만, 희망'을 든다. 반면 절대 사용해선 안 되는 일곱 가지 소극적인 감정으로 '공포, 질투, 증오, 원망, 탐욕, 미신, 분노'를 든다.

잠재의식은 인간의 소망을 '무한한 지성'과 교신할 주파수로 바꿔 주는 매개체다. 잠재의식을 통해 '무한한 지성'에게 메시지를 보내고, 그에 대한 답변 또한 수신할 수 있다. 그 답변은 목적을 달성하기 위한 명확한 계획이나 아이디어를 의미한다.

생각을 현실로 만드는 가장 확실한 방법

각 분야의 개척자라 불리는 리더들을 컨설팅하는 나는 컨설팅을 하면 할수록 그들의 사고가 강렬한 신념과 연결되어 있다는 사실을 절실하게 느끼곤 한다. 이런 관점에서 보면 결정을 하지 못하는 리더는 리더라고 할 수 없다. 신념이 없는 리더 또한 제대로 된 리더라고 할 수 없다.

신념은 소망이라고 하는 형태 없는 일종의 사고를 물리적 실체(예를 들면 돈 같은) 또는 구체적인 사실(예를 들면 '스포츠 경기에서 이긴다' 같은)로 바꿔 준다. 다시 말해 신념에 의해 소망은 틀림없는 현실이 된다.

당신의 신념을 종이에 적어 보라. 그리고 그 신념을 부디 소리 내어 읽어 보라.

마스터 마인드란?

이 책에는 '마스터 마인드Mastermind'라는 단어가 종종 등장한다. 마스터 마인드란 무슨 의미일까?

마스터 마인드란 '명확한 소망이나 목표를 지닌 둘 또는 그 이상으로 이뤄진 마음의 연합'을 말한다.

다소 이해하기 어려운 듯한 이 말은 '사고의 수준이 서로 공명共鳴할 수 있는가, 없는가', '주파수가 서로 맞는가, 맞지 않는가'에 관한 것이다.

사고의 공명을 직접 경험해 본 사람이라면 알 수 있을 것이다. 같은 목표를 공유하며 행동을 같이하는 사람들끼리는 서로 상대방이 무엇을 생각하는지, 상대방이 다음에 자신이 어떤 행동을 하기를 바라는지를 훤히 파악하고 있는 상황을 예로 들 수 있다.

곁에 없더라도 곁에 있는 듯한 느낌, 파장이 맞는 사고의 떨림을 경험해 본 사람이라면 분명 일에서도 성과를 올릴 수 있을 것이다. 이런 사람은 목표를 이루기 위해 최선을 다하고, 자신의 역할이 무엇인지를 안다. 만약 불협화음이 생긴다면, 이는 공명하지 못했기 때문이다.

만약 당신은 열심히 노력하고 있지만 팀 내에 불협화음이 생긴다면, 이때는 우선 팀의 소망이나 목표를 점검해 봐야 하지 않을까?

모든 일은 소망에서 시작된다. 절대 관리에서 시작되지 않는다. 한 사람 한 사람을 이해하고, 자기 자신을 이해하고, 어디를 향해 나아가야 하는지, 구성원들의 소망은 무엇인지 다시 한번 확인해 보길 바란다.

그렇다면 성공의 최종 목적지는 어디일까?

모든 성공의 출발점은 소망이다. 그리고 최종 목적은 자기 자신을 이해하고, 다른 사람을 이해하고, 자연의 법칙을 이해하고, 행복을 인식하고 이해하는 것이다.

'생각이 현실이 된다'라고 할 때 의외로 잊어버리기 쉬운 것이 바로 '그 종착점이 어디인가' 하는 것이다. 이 책을 읽다 보면 부를 얻는 데 초점이 맞춰지기 쉽다. 그런데 바로 이 문장에 성공의 진정한 종착점이 제시되어 있다.

당신은 당신 자신을 이해하고 있는가? 다른 사람을 이해하고 있는가?

누구에게나 당신과 같은 소망이 있다는 사실을 잊어서는 안 된다. 소망을 잘 다스려 잠재의식 속으로 끌어들이는 습관을 만들도록 하자.

07.

경쟁 상황에서는
낙관주의자가 비관주의자보다
높은 성과를 올린다

《학습된 낙관주의Learned Optimism》

마틴 셀리그만Martin E. P. Seligman

'동기부여 이론'과 '학습된 무력감 이론'의 권위자로 알려진 저자가 쓴 책이다. 낙관주의
자와 비관주의자에 대해 25년에 걸쳐 연구하고, 수십 만 명을 대상으로 한 임상 경험을
통해 낙관주의자는 자신 앞에 놓인 벽을 돌파하며 인생을 잘 헤쳐 나간다는 사실을 증명
했다. 비관주의자가 어떤 식으로 사고하는지와 그 특징을 밝혀내고, 비관주의자도 낙관주
의자로 바뀔 수 있다고 주장하며, 그 구체적인 방법까지 제시한다.

낙관주의자와 비관주의자가 좌절에 대처하는 법

낙관주의자와 비관주의자, 둘의 차이는 좌절을 겪었을 때의 반응으로 나타난다. 낙관주의자의 특징은 패배는 일시적인 것이라고 생각하고, 그 원인 또한 그때에만 한정된다고 생각한다. 또 자신 때문이 아니라 그때의 상황이나 운, 다른 원인 때문에 좌절한 것이라고 믿는다.

반면 비관주의자는 나쁜 일이 일어나면 그것이 영원히 지속될 거라고 여기고, 자신은 무슨 일을 해도 잘 안될 거라고 생각한다. 그리고 이는 모두 자기 탓이라고 굳게 믿는다.

마틴 셀리그만은 비관주의자에게서는 '영속성', '보편성', '개인화'라는 특징을 찾아볼 수 있다고 말한다. 예를 들면, "나는 계속 혼날 일만 되풀이해"(영속성), "일뿐만 아니라 무슨 일을 해도 잘 안될 거야"(보편성), "부장님에게 혼난 건 다 내 잘못이야"(개인화)라고 반응하는 것이다.

낙관주의를 활용하는 방법

셀리그만 박사는 모두가 낙관주의자일 필요는 없다고 말한다. 오히려 조직의 구성원 중에는 비관주의자도 있어야 한다고 역설한다. 하지만 인생의 벽을 돌파해 나갈 수 있는 사람은 분명 낙관주의자인 듯하다.

특히 경쟁 상황에서는 낙관주의자가 비관주의자보다 높은 성과를 올린다.

재능 있고 의욕이 넘치며, 거기에 낙관주의자가 많은 사회가 강하다.

이 말이 사실이라면, 낙관주의자는 왜 비관주의자보다 잘나가는 걸까?

내 주위에 있는 많은 사장들을 살펴보면 역시나 잘나가는 사장은 사고방식이 다르다. 생각도 다르고 사용하는 단어도 다르다. 그들은 '나는 할 수 있다'라는 전제하에 일을 진행한다. 고난이 닥치더라도 미래로 눈을 돌리고 '할 수 있다'라고 믿으면 어둠 속에서도 빛이 보이는 법이다. 그렇기에 그들은 해결책을 생각해 낼 수 있는 것이리라.

예를 들어, 내 지인 중에는 보험업에 오랫동안 몸담아 온 사람이 있다. 보험업계에는 "보험업은 거절당하는 것에서부터 시작된다"라는 말이 있을 정도로 일이 힘들다고 한다. 그래서 그런지 그 지인은 평소에 "정말 상대방에게 도움이 된다고 믿기에 그 사람이 이해해 줄 때까지 계속 영업한다. 인생이 곧 영업이다"라고 말하곤 한다.

'나는 할 수 있다', '이 일은 상대방을 위해서 하는 일이다', '만약 거절당한다 해도 그것은 내 탓이 아니라 타이밍이 안 좋았기 때문이다'라고 생각할 수 있느냐 없느냐가 성공과 실패를 가르는 것이다.

왜곡된 믿음을 갖고 있지는 않은가?

이 책에서는 미국의 임상심리학자, 앨버트 엘리스Albert Ellis가 개발한 REBTRational Emotive Behavior Therapy(합리적 정서 행동치료) 기법을 소개한다. REBT는 'ABCDE 모형'을 활용하는데, 이는 우리가 평소에 의식하지 못했던 '왜곡된 믿음'에 대해 깨닫게 한다. 여기서 A는 '곤란한 상황Adversity', B는 '왜곡된 믿음Belief', C는 '잘못된 결론Consequence', D는 '반론Disputation', E는 '활력 얻기 Energization'를 말한다.

우선 A, B, C를 각각 적어 본다. 예를 들어 다음과 같은 상황에 처했다고 치자.

- A: 부하 직원이 오늘도 보고서를 제출하지 않았다.
- B: 부하 직원 한 사람도 마음대로 움직이지 못하는 나는 얼마나 한심한 상사인가!
- C: 나 자신에게 화가 난다. 게다가 부하 직원과 눈을 마주 보며 대화하는 것도 점차 꺼리게 되었다.

그렇다면 지금부터는 D, E로 생각을 옮겨 보자.

- D: 아니, 곰곰이 생각해 보니 요새 그 직원은 나뿐만 아니라 다른 동료들과도 별로 대화를 나누지 않는다. 개인적으로 무슨 사정이 있어서 그러는지도 모를 일이다. 아니면 요즘 일이 너무 바빠서 그러는 것일 수도 있다. 올해 들어 얼굴에서 웃음이 사라진 것 같다. 말을 걸어도 건성으로 대답할 때가 많다.
- E: 내가 못난 상사라서 그렇다는 생각은 조금 줄었다. 이런 일로 부하 직원을 멀리하다가는 팀 목표 달성 기회를 날려 버릴 수도 있겠다 싶다.

이처럼 왜곡된 믿음은 그저 자기 자신만의 해석일 뿐이다.

마틴 셀리그만이 주장하는 낙관주의가 도움이 되는 분야 중 하나로 '건강 증진'을 들 수 있다. 누구나 주변에 '건강염려증 환자'가 한 명쯤은 있을 것이다. 이들은 대부분 비관적인 경향의 소유자로 치부되지만, 정말 그럴까?

이들은 언뜻 비관적인 듯 보이지만 ABCDE 모형을 도입할 수 있다면, 건강에 대한 걱정을 건강 증진의 기회로 삼음으로써 오히려 병에 걸리지 않고 오래 장수할 수 있을 것이다.

좋은 일도 나쁜 일도 영원히 지속될 수는 없다!

비관주의를 지배하는 또 하나의 핵심은 무력감이다.

비관주의 현상의 중심에는 무력감이 있다. 무력감이란 자신이 어떤 선택을 하든 앞으로 일어날 일에 아무런 영향도 미치지 못할 거라고 생각하는 상태다.

좋은 일은 영원히 지속될까? 나쁜 일도 영원히 지속될까? 대답은 '아니다'이다. 하지만 인간은 힘든 일을 맞닥뜨리면 그 고통이 영원히 지속되는 건 아닐까 하는 생각에 빠지고, 무력감을 느끼고 만다.《학습된 낙관주의》에서 마틴 셀리그만이 하고자 하는 말은 '세상을 밝게 보고 마음 편하게 살라'라는 것이 아니다. 다만 '부정적인 생각으로 자기 자신을 해치는 일은 좋지 않다'라고 이야기할 뿐이다.

자기 자신 속에 부정적인 일이 영원히 지속될 거라는 왜곡된 믿음이 있지는 않은지 확인해 볼 일이다.

08.

나아가도 좋고
멈추어도 좋다.
결단을 내리는 것이
중요하다

《길을 열다道をひらく》

마쓰시타 고노스케松下幸之助

'경영의 신'이라 불렸던 일본의 경영자 마쓰시타 고노스케가 공존의 이치, 번영의 이치를
설파한 책이다. 열한 살의 나이에 점원으로 시작해 마쓰시타전기(현 파나소닉)를 설립하고
세계적인 기업으로 키워낸 저자의 경영 철학이 문장마다 깃들어 있어 마쓰시타의 핵심
사상을 담은 책으로 손꼽을 만하다. "실패를 두려워하기보다 진지하지 못한 태도를 두려
워해야 한다", "우리가 가야 할 길은 조화와 공생의 길이다"라는 그의 말들은 온화한 듯
하지만 마음을 강하게 사로잡는다.

다양성에 대한 선견지명

처음 발행되고 50여 년이 지났지만, 이 책에 담긴 메시지는 지금도 보편성이 있다. 특히 그 시절에 이미 저자는 다양성에 대해 매우 관대했다.

소나무는 소나무, 소는 소, 말은 말이다.

사람 또한 마찬가지다. 서로가 서로에게 완전무결하지 않아도 각자의 적성에 따라 최대한 그 진가를 발휘하기 위해 노력한다면, 서로 조화로운 가운데 자신은 물론 다른 사람도 행복에 이를 수 있다.

이 책을 이야기할 때 결코 빠트려서는 안 되는 주제가 바로 '조화'다. 경영의 신 눈에도 손익을 초월한 조화가 얼마나 중요한지가 보인 것이다. 마쓰시타 고노스케는 자신과 자신, 자신과 타인, 자신과 사회 등 다양한 관계 속에서 조화가 얼마나 중요한지를 이야기한다. 그러나 평이한 문체로 쓰여 있기에 무심코 읽다가는 놓치기 십상이다.

마쓰시타 고노스케는 조화의 끝에서 무엇을 보았을까? 바로 '풍요로움'이다. 그는 조화의 끝에 몸과 마음의 풍요가 있다는 사실을 깨달은 것이다.

부하 직원이 몇 명이든 사장이라면 부디 이 책을 읽길 권한다. 시대를 초월하는 보편적인 메시지가 오늘날의 사장에게도 의미 있게 다가올 것이다. 예를 들어, 다음의 문장도 평범한 듯하지만 깊은 감동을 준다.

중요한 것은 세상이 내게 맡긴 이 일을 성실하게, 겸허하게, 그리고 열심히 하는 것이다.

모든 일은 과거에 우리가 했던 선택의 결과라는 인식

마쓰시타 고노스케는 다른 사람에게서 문제의 원인을 찾기 전에 자신을 돌아볼 것을 권한다.

우리 주변에 있는 물건, 사람 등 모든 것은 우리 마음이 반영된 것, 즉 우리 마음이 비친 것이다.

굳이 설명이 필요 없는 말이다. '가족이 이해해 주지 않는다', '부하 직원이 시킨 일밖에 하지 않는다', '비즈니스 파트너의 말이 계속 달라진다'라며 탓하기 전에 우리는 우리의 인간관계에 책임을 져야 한다. 지금 눈앞에 있는 모든 일은 과거에 우리가 했던 선택들의 결과이기 때문이다.

이를 이해하는 사람이라면 그 다음에 무엇을 해야 하는지가 보인다.

미래는 '왜?'라고 묻는 데서 시작된다

마쓰시타 고노스케는 항상 '왜?'라고 묻는다. '현상에 대한 의심과 순순히 받아들이는 것은 모순되는 것 아닌가?'라고 생각하는 사람이 있을지 모르겠다. 하지만 바로 여기서 마쓰시타 고노스케 특유의 '조화'라는 키워드를 발견할 수 있다.

자신이나 상대방을 질책하는 '왜?'가 아니라 미래를 끌어당기는 '왜?'를 자기 것으로 만들도록 하자. 스스로에게 '왜?'라고 묻고, 그 말이 미래를 비추는 탐조등이라는 사실을 깨달은 사람은 남들보다 빨리 움직일 수 있다.

비즈니스 세계에서 현상 유지는 곧 죽음을 의미한다. 전제를 의심하고, 몸에 익은 방식을 의심해야 한다. 무엇을 위해서일까? 바로 더 나은 번영을 위해서다. '왜?'가 없으면 현상 유지, 그 이상은 기대할 수 없다.

하루하루가 새로우려면 항상 '왜?'라고 물어야 한다. 그리고 자기 스스로 그 답을 생각하고, 나아가 다른 사람에게도 가르침을 구해야 한다.

사장에게는 결단을 내려야 할 의무가 있다

사장의 일 중 가장 중요한 일은 결단을 내리는 것이다. 이 책에서는 다른 사람의 말에 귀 기울이는 것의 중요성을 강조하는데, 그이유 또한 결단을 내리기 위해서다. 사장은 무엇이 옳은지 모를때에도 결단을 내려야 한다.

나아가도 좋고 멈추어도 좋다. 결단을 내리는 것이 중요하다.

그리고 결단을 내린 후 '정말 그것이 옳았을까?', '그때 그렇게 행동하는 게 맞았을까?', '이렇게 말할 수도 있지 않았을까?'라고 생각하기 시작하면 끝이 없다. 단, 자신을 과신해서도 안 된다. 그렇기에 자신을 솔직하게 돌아보는 것 또한 중요하다.

09.

생각에 끌려다니며 고민만
하지 말고, 몸을 움직여라.
그러면 이를 떨쳐 버릴 수 있다

《행복론Propos sur le Bonheur》

에밀 오귀스트 샤르티에Émile-Auguste Chartier

이 책은 버트런드 러셀Bertrand Russell의 《행복론The Conquest of Happiness》, 카를 힐티 Carl Hilty의 《행복론Happiness》과 어깨를 나란히 하는 세계 3대 《행복론》으로 손꼽히는 책 중 하나다. 저자는 본명보다 '알랭Alain'이라는 이름으로 더 잘 알려져 있다. 40년 동안 철학 교사로 학생들을 가르치며 독자적인 문학 형식인 '프로포Propos'를 만들었는데, 프로포는 종이 한 장의 앞뒤로 쓴 총 두 장 분량의 짧은 글을 말한다. 그는 매일 신문에 프로포를 게재했는데, 그의 글은 짧은 문장 속에서도 유머 감각이 돋보인다. 알랭의 《행복론》은 그중 행복에 관한 글 93편을 추려 엮은 책이다.

당신에게 행복이란 무엇인가?

세상에 행복하고 싶지 않은 사람은 없을 것이다. 그렇다면 "당신에게 행복이란 무엇인가?" 이런 질문을 받았을 때 곧바로 대답할 수 있는 사람이 얼마나 될까? 알랭은 행복에 대해 다음과 같이 말한다.

인간이 행복하다고 이야기할 수 있는 때는 무언가를 갈망할 때와 만들어 낼 때뿐이다.

자신의 모든 관심과 주의를 다 쏟아부을 수 있는 사람은 정말 행복한 사람이다. 과거나 미래를 생각하는 사람이 완전하게 행복해지는 일은 있을 수 없다.

인간에게 불안과 감정이란?

알랭은 책에서 '정념情念'이라는 개념을 이야기하는데, '감정이 발생해 그 감정이 오랫동안 지속되어 억누르기 어려운 상태'를 말한다. 정념은 질투, 증오, 불안, 분노, 절망 등의 감정으로 나타나는데, 이 중에서도 분노와 절망은 인생을 망친다고 한다.

분노와 절망은 가장 먼저 극복해야 할 적이다.

정념에는 항상 극심한 공포와 회한이 따른다.

하지만 이러한 정념에서 해방되기는 좀처럼 쉽지 않은 일이다. 그렇다면 도대체 어떻게 하면 이를 극복할 수 있을까? 여기서 알랭을 이해하는 데 빼놓을 수 없는 또 하나의 중요한 키워드가 등장한다. 바로 '상상력'이다.

우리가 '상상하는 것'은 '사실'일까?

현실에서 상상력이라는 말은 긍정적인 의미로 받아들여지는 경우가 많다. 그런데 여기서 알랭이 말하는 상상력은 조금 다르다. 그는 우리 마음속의 적은 상상력 속에 산다고 말한다.

우리는 상상력 때문에 항상 실망한다. 그것도 실로 다양한 방법으로. 그 주된 이유는 상상력은 우리 마음속에 일어나는 생각이나 감정을 더욱 현실감 넘치게 해 주기 때문이다. 그로 인해 사람들은 자신이 상상한 것을 사실이라고 여긴다.

예를 들어, 어떤 일에 한번 신경 쓰기 시작하면 이에 대한 생각이 끊이지 않고 일어난다. 머릿속에서는 부정적인 시나리오가 점점 완성되어 간다. 이때 상상력은 그 감정으로 자기 자신을 몰

아넣는 데 일조한다. 그러나 현재 일어나고 있는 일 외의 모든 것은 사실이 아니다. 상상력은 그저 억측에 불과할 뿐이다.

상상력으로 인한 감정의 동요에서 벗어나는 법

상상력이 작용해 감정에 동요가 일어나고 걱정이 커지면 '마음'이 반응해서 그러는 것이라고 생각하기 쉽다. 그런데 알랭은 상상력으로 인한 첫 반응은 '몸'으로 나타난다고 말한다. 이 책에는 '몸을 움직여라'는 메시지가 계속해서 등장하는데, 이것이야말로 행복으로 가는 길이기 때문이라고 한다.

사실은 몸의 상태가 감정을 키운다. 이 사실만 잘 이해하면 오히려 몸을 통해 온갖 정념에서 벗어날 수 있다는 것이다. 그리고 상상력으로 인해 생성되는 인생을 망치는 감정들에 대해 간파하고, 그 감정들에 휩쓸리지 않도록 노력해야 한다.

생각에 끌려다니며 고민만 하지 말고, 몸을 움직여라. 그러면 이를 떨쳐 버릴 수 있다.

이 책은 마치 저자 알랭이 바로 옆에서 이야기를 들려주는 것처럼 읽는 이에게 상냥하게 질문을 던진다. 시대를 뛰어넘어 인간이라는 존재의 보편성에 대해 담은 명저다.

행복해지고 싶다면 먼저 상대방의 기분을 좋게 하라

'자신과 싸우지 않기', 이것이 바로 알랭이 생각하는 처세술이다. 나아가 알랭은 상대방에게 기쁨이 전달되어 둘 사이에 있던 껄끄러운 감정이 누그러지게 하는 것이 진정한 예의라고 말한다.

알랭은 "자신의 기분을 지배하기보다 다른 사람의 기분을 직접 지배하기가 더 쉽다"라고도 말한다. 상상력에 휘둘려 억측에 사로잡히느니 상대방을 기분 좋게 만드는 방향으로 의식을 돌리라는 것이다. 상대방의 기분이 좋아지면 당신의 기분도 좋아지는 효과가 있기 때문이다.

이 책에는 알랭의 철학에 많은 영향을 끼친 철학자들의 명문장이 곳곳에 배치되어 있는데, 이 문장들은 책을 읽는 또 다른 즐거움을 제공한다.

결단을 내리지 않는 것이야말로 가장 큰 잘못이다.

– 데카르트Descartes

즐거움은 능력의 증표다.

– 아리스토텔레스Aristoteles

내게는 한 시간의 독서로 떨쳐 낼 수 없는 슬픔 따위는 없었다.

– 몽테스키외Montesquieu

생각이 망상이 되지 않게 하는 법

'만약 일이 잘못되면 어떡하지?' 이렇듯 머릿속에서 불안과 망상을 만들어 내고, 그 결과 움직이지 못하는 사람이 많다. 그런데 사람들은 이러한 상황에서도 굳이 실행하고 굳이 행동하는 사람을 존경한다. 생각만 하고 행동하지 못하는 사람에게는 존경심을 갖기 어려운 것이다.

행동은 굳이 하는 것이다. 생각은 굳이 하는 것이다.

알랭의 말처럼 생각만 하고 아무 일도 하지 않으면, 어떤 일이든 무서워질 수밖에 없다. 자신이 만들어 낸 가짜 괴물에게 휘둘리고 싶지 않다면, 이 책을 꼭 읽어 보길 바란다.

10.

양서를 읽기 위한 조건은
악서를 읽지 않는 것이다

《문장론Syntax》

아르투르 쇼펜하우어Arthur Schopenhauer

철학자 쇼펜하우어가 쓴 두 권으로 된 철학적 수상록 《여록과 보유Parerga und Parali-pomena》 중 사색, 독서, 글쓰기와 관련된 내용을 발췌해 엮은 책이다. 이 책 외에도 《행복론》, 《인생론》 등의 제목으로 출간되어 있다. 쇼펜하우어는 이 책에서 좋은 글을 쓰기 위해 '깊이 생각하기', '사색을 통해 글쓰기', '생각하며 읽기'의 세 가지 요소를 제시한다. 그는 "책을 읽고 이해한 다른 사람의 사상은 그 사람이 먹다 남긴 음식, 그 사람이 벗어 놓은 헌옷에 불과하다"라고 말한다. 스스로 생각하는 힘을 기르길 원하는 사장이라면 꼭 읽어 보길 권한다.

어떤 주제, 어떤 형식으로든 글을 쓰고 싶다면 읽어야 할 책

서점에 가 보면 독서법을 주제로 한 책은 속독, 다독, 마인드맵을 활용한 독서법 등 뭘 골라야 할지 모를 정도로 넘쳐난다. 독서를 좋아하는 사람이라면, 그중 한 권쯤은 읽어 봤을 것이다. 그중에서도 고전古典 중의 고전인 이 책은 독서에 관한 잘못된 인식을 바로잡아 주는 내용을 담고 있다.

이 책은 독자에게 듣기 좋은 말만 하지 않는다. 자신이 읽은 책의 내용을 기억하라고도 하지 않는다. 오히려 책을 너무 많이 읽으면 위험하다고까지 말한다. 또 글 쓰는 방법에 대해서도 언급한다. 어떤 주제, 어떤 형식으로든 글을 쓰고 싶어 하는 사람이라면 한 번쯤 꼭 읽어 두어야 할 책이다.

이 책의 저자 쇼펜하우어는 자신의 다른 책에서 '행복을 방해하는 두 가지는 고통과 따분함'이라고 이야기한 바 있다. 이 책에도 이와 같은 신랄한 말들이 담겨 있다.

그런데 이상하게도 이 책을 읽으면 왠지 기분이 좋아진다. 그 이유는 무엇일까?

'나는 이렇게 생각한다'라며 선언할 수 있는가?

쇼펜하우어는 자신의 머리로 생각하는 일이 얼마나 중요한지를 설파한다.

우선 잘못된 독서법에 대해 다음과 같이 이야기한다.

읽은 책의 내용을 하나라도 잊어버리지 않겠다고 다짐하는 행위는 자신이 먹은 모든 음식을 몸속에 저장해 두겠다고 하는 것과 같다.

이 문장은 얼마나 명쾌한가! 감탄마저 나온다.

그의 말처럼 읽은 책에 대해 잊어버리지 않으려고 하는 것은 무의미하다. 중요한 것은 그 책에서 말하고자 하는 내용을 자기 것으로 만드는 것이다. 그때 비로소 책을 읽었다고 할 수 있다.

여러 사장들과 만나 이야기를 나눠 보면 평소 책을 좀 읽는다 싶은 사람은 금방 알 수 있다. 그런 사장은 어휘력이 풍부하고, 자신이 하고자 하는 말을 다양한 문장을 통해 전달한다. 수많은 어휘 가운데 순발력 있게 자신이 구사하고자 하는 단어를 선택해 입 밖으로 내놓는다.

이 책은 열심히 공부하고 독서를 좋아하는 사람일수록 주의해야 할 점이 있다고 알려 준다.

독서란, 다른 사람이 대신 생각해 주는 것이다.

책을 읽는다고 해서 꼭 자기 머리로 생각하게 되는 것은 아니라는 말이다.

쇼펜하우어가 목표로 하는 세계는 다음의 한 문장에 응축되어 있다.

스스로 사색해 찾아낸 진리는 책 속에 있는 진리보다 백배 더 뛰어나다.

당신은 당신 자신의 머리로 생각하는가? 예를 들어 누군가에게서 전해들은 이야기, 어떤 작가가 매체에 나와 한 이야기를 마치 당신의 의견인 양 착각하고 다른 사람에게 이야기하지는 않는가?

자신의 머리로 생각하는 사람에게는 자신만의 의견이 있다. 자신만의 의견이란, 어떤 사상에 대한 자기 나름의 해석을 말한다. 그런 사람은 '나는 이렇게 생각한다'라고 큰소리로 선언할 수 있다. 이렇게 자기만의 가치관에서 나오는 해석에는 정답도, 오답도 없다.

뛰어난 문체를 쓰기 위한 법칙

쇼펜하우어는 뛰어난 문장을 갖기 위한 첫 번째 법칙으로 "주장해야 할 무언가를 소유하라"라고 이야기한다. "고전을 접하라"라고도 말한다.

자기 자신만의 목소리를 낼 수 없다면 박학다식할 수는 있어도 사상가는 될 수 없다. 이 또한 쇼펜하우어가 중요하게 여기는 점이다. 주장해야 할 무언가가 있을 때 비로소 자기 자신만의 목소리를 낼 수 있다. 궁극적으로는 이 주장해야 할 무언가를 위해 자신의 머리로 사색해야 하는 것이다. 그리고 사색의 도구로 책을 활용하라는 것이다.

어려운 이야기를 쉽게 풀어내는 것이 능력

쇼펜하우어는 어려운 이야기를 쉽게 풀어내는 방법으로 비유를 활용할 것을 권한다.

비유는 이처럼 지식을 얻는 데 필요한 강력한 무기이기도 하다. 따라서 놀랍고도 뛰어난 비유를 구사하는 사람은 분명 깊은 이해력의 소유자다.

비즈니스 세계에서도 예를 들어 가며 이야기하거나 비유를 잘하는 사람은 높은 평가를 받아 우위에 설 수 있다. 사람들은 어려운 이야기를 알기 쉽게 풀어 주기만 해도 그를 똑똑한 사람이라고 여기기 때문이다.

비유는 추상화하는 일로, 뛰어난 비유는 그 본질을 추출하여 응축함으로써 예술의 경지에 이르게 된다. 또 구체적으로 표현해야 할 때와 추상적으로 표현해야 할 때를 아는 사람은 커뮤니케이션 능력 또한 뛰어나다.

쇼펜하우어는 독서의 시작은 좋은 책을 고르는 데서 시작된다고 말한다.

양서良書를 읽기 위한 조건은 악서惡書를 읽지 않는 것이다. 인생은 짧고, 시간과 힘에는 한계가 있기 때문이다.

악서란, 쉽게 유행을 타고 쉽게 사그라드는 책을 의미한다. 쇼펜하우어는 소설이나 시도 악서에 포함되고, 수명이 짧은 출판물도 악서라고 말한다. 그렇다면 어떤 책을 읽어야 하는 걸까?

사람들의 시간에는 한계가 있다. 특히 업무에 쫓기는 사람이라면 시간이 더 없을 것이다. 그런 시간을 쪼개서 읽는 책으로 쇼펜하우어는 모든 시대, 누구에게나 통용되는 고전을 권한다. 바쁜 사장일수록 내일의 자신을 위한 책을 읽길 권한다.

11.

관심을 기울이면
그 대상이
당신의 파동에 끌려온다

《유인력 끌어당김의 법칙The Law of Attraction》

에스더 힉스Esther Hicks, 제리 힉스Jerry Hicks

사랑이 충만한 복수複數의 '아브라함'이라는 존재를 등장시켜 자신이 바라는 모든 경험을 의도적으로 끌어당길 수 있다고 설파하는 책이다. 자신이 한 행동이 결과를 만든다고 믿어 왔던 사람에게는 그 개념을 근본부터 뒤집어 버리는 이야기다. 저자들은 당신이 관심을 둔 대상이 당신의 파동波動에 끌려온다고 이야기한다. 그러니 자신이 바라지 않는 것들은 모두 손에서 내려놓으라고 타이른다. '끌어당김의 법칙'은 자신이 어떻게 느끼는가에 따라 작용하기 때문이다. 진정으로 자신이 원하는 대로 살고자 하는 사람들을 위한 안내서라 할 수 있다.

우주를 지배하는 3가지 법칙

우주에는 세 가지 법칙이 있다고 한다. 첫째 '끌어당김의 법칙', 둘째 '의식적 창조 과학', 셋째 '허용의 법칙'이 그것이다. 여기서 중요한 것은 첫 번째 법칙을 이해하고 실천하지 못하면 두 번째, 세 번째 법칙도 활용할 수 없다는 점이다. 간단하게 살펴보도록 하자.

- 끌어당김의 법칙: 비슷한 것끼리는 서로 끌어당긴다.
- 의식적 창조 과학: 생각하고 기대하면, 그 일이 현실이 된다.
- 허용의 법칙: 있는 그대로의 나로 존재한다. 다른 사람 또한 있는 그대로의 그 사람이라는 사실을 받아들인다.

저자들은 모든 것은 첫 번째 법칙의 영향을 받는다고 이야기한다. 우리가 일상에서 자주 사용하는 "유유상종類類相從", "뿌린 대로 거둔다"라는 말들도 모두 끌어당김의 법칙의 다른 표현이라 할 수 있다.

당신은 즐거운 경험을 쌓아 가고 있는가? 혹시 힘든 경험만 쌓아 가고 있지는 않은가? 당신 눈앞에 나타나는 모든 것은 당신 스스로가 끌어당긴 것이다. 당신이 관심을 둔 대상이 당신의 파동에 이끌려 경험 속으로 빨려 들어온 것이다. 이것이 바로 끌어당김의 법칙이다.

당신이 인생에서 만나는 사람은 당신이 끌어당긴 사람이다. 믿기지 않을지 모르지만 사람들과, 그들과 함께하는 경험은 모두 당신이 끌어당긴 것이다.

당신이 경험하는 일들에는 당신이 바라는 바가 담겨 있는가? 지금부터는 자신이 바라는 바를 어떻게 끌어당기면 좋을지 살펴보자.

당신의 감정을 점검하라

이 책의 저자들은 자신이 바라는 바를 끌어당기고 싶다면 '자신의 감정'을 점검하라고 이야기한다.

일단 자신이 경험하고 싶은 일에만 관심을 기울인다. 이는 '부정적 감정은 배제하고 긍정적으로 생각하라'라는 단순한 의미가 아니다. 저자들은 "부정적인 감정은 당신이 당신 자신의 욕구와는 정반대되는 것을 믿고 있다는 증거"라고 말하며, 당신이 관심을 두는 모든 일이 끌어당겨진다고 믿어야 한다고 한다. 당신의 생각이 강해졌을 때 파동이 서로 비슷한 사람들을 끌어당긴다는 것이다. 만약 '파동'이라는 말이 낯설고 어색하게 느껴진다면, 마음속에 강하게 품은 당신의 '생각'이라고 바꾸어 읽어도 좋다.

끌어당김의 법칙은 당신의 말이나 행동에 대응하여 작용하는 것이 아니다. 그 말이나 행동의 기본인 파동에 작용하는 것이다.

생각의 방향을 의식적으로 결정하는 것이 어렵게 느껴지는 사람도 있을지 모른다. 그럴 때는 우선 자신의 감정에 솔직해지도록 하자.

"자신이 느끼는 감정에 주의를 기울이면 애써 생각을 감시하지 않아도 된다. 당신이 기분 좋을 때 하는 말, 생각, 행동은 당신의 의도에 따른 것이다."

"강렬한 감정을 일으키지 못하는 생각은 자력磁力도 크지 않다."

그러니 당신의 말, 행동, 목적이 모두 조화를 이루고 있는지 점검해 보자. 당신은 당신이 원하는 것에 초점을 맞추고 있는가, 아니면 결핍된 것에 초점을 맞추고 있는가? 자신이 정말 원하는 것에 초점을 맞추고 있는지를 알아야 한다.

끌어당김의 법칙은 스위치로 끌 수 있는 것이 아니다. 그것을 염두에 두고 인생을 창조해 나가자.

인생을 바꾸기 위한 3가지 질문

"당신에게는 어떤 욕구가 있는가?"

이 질문에 바로 대답할 수 있는 사람이 얼마나 될까? 어쩌면 사람들은 의외로 자신의 욕구에 무심할지도 모른다. 하지만 한 가지만은 확실하게 이야기할 수 있다. 성공한 사장들은 분명 자신의 욕구를 잘 알고 있고, 그 욕구에 충실한 삶을 살아간다는 점이다. '선택과 집중'이 중요하다고 하는데, 자신이 무엇을 원하는지 알 수 없다면 선택도, 집중도 할 수 없다.

'당신은 어떤 욕구를 가지고 있는가?', '당신이 바라는 것은 무엇인가?', '초점을 정했는가?' 한 기업의 사장이라면 부디 이 세 가지 질문을 자신에게 던지고, 그 답을 의식해 바람직한 대상을 끌어당길 수 있도록 노력하길 바란다.

효과가 나타나기 시작하면 무서워질 때가 있다

이 끌어당김의 법칙이 이해되기 시작하면, 무서워질 때가 있다. 매스컴을 통해 사건사고 소식을 접할 때다. 감정이 풍부한 사람일수록 특히 주의하길 바란다. 이럴 때 아브라함은 "저건 다른 누군가의 경험일 뿐이다. 나는 저 길을 선택하지 않는다"라고 생각하면 된다고 조언한다.

관심을 기울이면 그 대상이 당신의 파동에 끌려온다. 관심이나 인식이 오랫동안 지속되면 그 대상이 당신의 경험 속으로 빨려 들어온다.

알고 보면 경영자들이나 자신의 분야에서 이름을 떨치고 있는 전문가들은 모두 강력한 자력을 소유한 사람들이다. 그들은 마치 이를 증명하듯 자신들이 경험한 신비로운 일을 털어놓기도 한다. 가령 누군가를 떠올리는 순간, 당사자에게서 전화가 걸려 온다거나 어떤 정보가 필요한 순간, 딱 그 정보를 자신도 모르게 찾아내는 경험을 하는 것이다. 실제로 내가 아는 사장들 중에는 마치 끌어당김의 법칙 안에서 살고 있는 듯한 이도 많다.

12.

모든 성공한 사람에게는 '누구도 하지 못한 일을 나는 해낼 수 있다'라는 신념이 있다

《네 안에 잠든 거인을 깨워라Awaken the Giant Within》

토니 로빈스Tony Robbins

세계에서 가장 영향력 있는 변화심리학자 겸 컨설턴트가 쓴 변화와 성공을 위한 안내서다. 짧은 기간 안에 인생을 크게 변화시켜 미국에서 가장 유명한 컨설턴트로 성공한 저자 자신의 경험과 세계적으로 이름난 위인들의 사례를 함께 소개한다. 수많은 대중 강연과 세미나를 통해 '무엇이 사람을 움직이는가' 같은 잠재력 활용법을 전수하고 있다. 이 책에서는 자기 내면에 잠들어 있는 무한한 잠재력에 작은 자극을 주는 것만으로도 인생이 크게 변화한다고 말하며, 강한 자신으로 거듭나는 법을 설파한다.

실패를 거듭하는 사람들에게는 공통점이 있다

이 책에 따르면 실패를 거듭하는 사람들에게는 세 가지 특징이 있다고 한다.

첫째, 결단을 내리는 데 시간이 걸린다.

둘째, 변덕이 심하다.

셋째, 끊임없이 마음이 흔들리는 탓에 조금도 앞으로 나아가지 못한다.

이 책에는 '결단력'이라는 단어가 자주 등장한다. 결단력이 있는 사람이 성공한다는 말이다. 주변에 있는 성공한 사람들은 어떻게 행동하는가를 한번 살펴보자. 이 말을 수긍하게 되지 않는가?

저자 토니 로빈스는 "재능이나 환경이 인생을 결정하는 것이 아니라, 결단력이 운명을 가른다"라고 말한다. 살면서 망설이는 일이 많은 사람이라면, 지금까지 자신이 제대로 된 결단을 해 왔는지 돌아볼 일이다.

하고 싶은 일뿐 아니라 어떤 인간이 되고 싶은지도 구체적으로 결단해야 한다.

마음속에 그리고 있는 인생을 살고 싶다면, 먼저 결단부터 해야 한다.

목표한 바를 달성하기 위해 필요한 4가지

열일곱 살의 나이에 집에서 쫓겨났지만 스물네 살에 대부호가 되기도 했고, 이후 전 재산을 탕진했다가 재기에 성공하기도 했던 토니 로빈스는 "인생에서 달성하지 못할 것은 없다"라고 말한다. 그리고 경험에서 우러나온 네 가지 지침을 소개한다.

첫째, 자신이 꼭 달성하고 싶은 일을 명확하게 결정한다.

둘째, 적극적이고 확고한 자세로 행동에 옮긴다.

셋째, 어떻게 하면 일이 잘 풀리고, 어떻게 하면 일이 잘 풀리지 않는지 주의 깊게 관찰한다.

넷째, 자신이 바라는 바를 달성하기 위해 몇 번이고 접근 방법을 바꾸고, 그때그때의 경험을 충분히 활용해 끊임없이 도전한다.

만약 지금 당신이 바라는 것이 순조롭게 달성되고 있지 않다면 부디 이 네 가지 지침을 잘 지키고 있는지 점검해 보길 바란다. 컨설턴트로서 내가 만나는 많은 우수한 사장들은 하나같이 결단이 빠르다. 그리고 그들은 행동하며 도전한다.

내가 인터뷰한 모든 성공한 사람에게는 '누구도 하지 못한 일을 나는 해낼 수 있다'라는 신념이 있다.

신념에 대해 배우고 싶다면, 위인들의 전기를 읽어 보는 것도 좋은 방법이다. 신념을 바탕으로 새로운 역사를 개척했던 그들의 생생한 발자취에서 당신의 신념 또한 어떠해야 하는지 힌트를 얻을 수 있을 것이다.

인생의 문제를 해결하기 위한 5가지 질문

일관되게 행동하기 위해서는 초점을 맞추어야 한다. 토니 로빈스는 이를 위해 질문이 필요하다고 이야기한다. 뇌는 당신의 질문에 민감하게 반응한다. 그리고 더 나은 질문을 하면 더 나은 답변을 얻을 수 있다.

저자는 문제를 만나면 문제를 해결하기 위한 질문을 하라고 한다. 다음은 저자도 자주 사용한다는 다섯 가지 질문이다.

- 이 문제의 좋은 점은 무엇인가?
- 이 문제에서 아직 완전하지 않은 점은 무엇인가?

- 내가 원하는 방향으로 문제를 해결하려면 무엇을 해야 하는가?
- 내가 원하는 방향으로 문제를 해결하려면 무엇을 그만두어야 하는가?
- 이 과정을 즐기기 위해서는 어떻게 하면 좋은가?

부디 이 질문들을 매일같이 자기 자신에게 던지길 바란다.

참고로 저자는 '하루하루 고통 없이, 즐거운 마음으로 보낼 수 있다면' 성공한 것이라고 말한다.

그럼 여기서 네 번째 질문, "내가 원하는 방향으로 문제를 해결하려면 무엇을 그만두어야 하는가?"에 대해 좀 더 살펴보자.

한 유명한 사장이 TV에 나와 "저는 많은 것을 포기하고 있어요"라고 말한 적이 있다. 그때 그의 말은 내게 꽤 인상적으로 들렸다. 이 사장에게는 똑같은 셔츠가 서른 벌 정도 있다고 한다. 그는 그 이유에 대해 "셔츠 고를 시간을 줄여 일에 집중하고 싶기 때문"이라고 했다.

사실 그가 포기하고 있는 것은 그뿐만이 아닐 것이다. 성과를 내야 한다는 생각에 조바심이 날 때 사람들은 무언가 더 많은 일을 해야 한다는 사실에 의식을 집중하곤 한다. 그러나 사실 '무엇을 그만두어야 하는가?', 다시 말해 자신의 현재 활동 상황을 되돌아보는 편이 몇 배는 더 효과적이라는 것을 이 사장은 알고 있었던 것이다.

만약 지금 문제에 부딪혀 꼼짝 못 하고 있다면, 자기 자신에게 "지금 무엇을 그만두어야 하는가?"라는 질문을 던지자. 지금 당장 결단해야 할 것이 무엇인지 파악하고 자기 변혁에 나서자.

중요한 것은 스스로 어떤 삶을 살지 택할 수 있다는 것

흔한 비유지만, 여기 절반쯤 물이 차 있는 컵이 있다고 하자. 당신은 그 컵을 보고 '물이 아직 반이나 남아 있다'라고 생각하는가, 아니면 '물이 이제 반밖에 남아 있지 않다'라고 생각하는가?

인생에서 정말 중요한 것은 '어떻게 사물에 대한 사고방식을 바꾸어 갈 것인가'이다.

같은 사물을 보고도 사람마다 반응이 다른 이유는 각자 사물을 대하는 방식이 다르기 때문이다. 이처럼 사람은 각자 가지고 있는 가치관에 의해 서로 다른 생각을 하게 된다. 그리고 매사를 대하는 방식에 따라 다른 인생을 살게 된다. 그런데 무엇보다 중요한 것은 이렇게 매사를 대하는 방식은 당신 스스로 바꿀 수 있다는 사실이다.

13.

당신의 생각이 곧
당신의 경험이 된다

《잠재의식의 힘The Power of Your Subconscious Mind》

조셉 머피Joseph Murphy

아일랜드 출신으로 미국에서 목사로 활동했던 저자 조셉 머피가 쓴 책이다. 잠재의식의
작용이 인생에 어떤 영향을 미치는지, 그 원리와 실천 방법에 대해 알기 쉽게 설명하고
있다. 저자는 '습관적인 사고가 그 사람의 인생을 만든다'고 주장하며, 이를 경험한 사람
들의 다양한 일화를 소개한다. 우리가 살아가면서 겪게 되는 혼란, 불화, 결핍감은 마음을
어떻게 쓰는가, 생각을 어떻게 하는가에 달려 있다고도 이야기한다. 또 성공한 사람들은
잠재의식 속에서 무한한 지성을 자기편으로 만든다고도 한다.

잠재의식이 인생을 대하는 자세를 결정한다

좋은 일을 생각하면 좋은 일이, 나쁜 일을 생각하면 나쁜 일이 생긴다. 저자 조셉 머피는 이를 '마음의 작용', 즉 '작용과 반작용의 법칙'에 의한 것이라고 말한다. '작용'은 당신의 생각, '반작용'은 잠재의식에서 나오는 해답이라는 것이다.

당신이 생각하는 바가 작용, 그 생각에 따라 잠재의식이 자동적으로 반응하는 것이 반작용이다. 그러니 당신의 생각에 주의를 기울이라.

예를 들어, 잠재의식은 직감, 충동, 불길한 느낌, 예감, 욕구, 아이디어 등의 모습으로 우리에게 말을 걸어온다고 한다. 당신도 경험한 적이 있을 것이다. 시간이 지나 생각해 보니 과거에 문득 떠올랐던 아이디어나 불길한 느낌, 직감 등이 맞아떨어졌던 경험 말이다.

잠재의식은 사람이 인생에 어떤 자세로 임하느냐의 '전제' 같은 것이다. 전제가 잘못되면 원하는 결과를 얻을 수 없다. 그렇다면 당신은 지금 머릿속에 당신이 행복해질 수 있는 전제를 그리고 있는가? 조셉 머피는 그 전제에 부정적인 암시가 걸려 있는 경우도 있다고 말한다. 구체적으로 살펴보자.

잠재의식을 지배하는 부정적인 암시란?

우리는 어려서부터 다양한 암시 속에서 자라난다. 이는 누구든 마찬가지다. 그런데 이때 어떤 암시를 받느냐가 중요하다.

예를 들어 "너는 못해", "그런 일은 하면 안 돼", "그렇게 노력해도 아무 소용 없어", "아무리 애써도 어차피 못 이겨", "다 네가 잘못한 거야" 등의 말은 부정적인 암시다.

당신의 잠재의식이 이러한 부정적인 암시로 가득 채워져 있다면, 지금 당장 이를 바로잡도록 하자. 전제가 잘못되어 있으면 결과가 좋을 리 없기 때문이다.

조셉 머피는 이러한 부정적인 암시는 깨뜨릴 수 있다고 이야기한다. 인생을 잘 조종하느냐, 그렇게 하지 못하느냐는 어떤 전제를 바탕으로 하느냐에 달려 있다. 다시 말해 성공하는 사람들은 잠재의식과 신념이 그렇지 못한 사람들과 완전히 다르다는 말이다.

즉, 당신의 생각이 곧 당신의 경험이 된다.

잠재의식은 암시로부터 끊임없이 영향을 받는다. 나아가 잠재의식은 당신의 신체 기능, 상태, 지각 등을 완전히 지배한다.

당신은 하루하루 무슨 생각을 하며 살아가는가? 당신이 감지

했던 두려움이나 불안 등이 진짜 현실이 되고 있다면, 당신 스스로 잠재의식에 계속 부정적인 암시를 걸고 있기 때문인지도 모른다.

'오늘은 운이 없네'라고 생각하면 운전을 할 때도 당신 눈에는 빨간 신호등만 들어오게 된다. 순간순간 당신이 어떤 생각을 하는가가 당신의 실제 경험이 된다. 이런 사실을 이미 잘 알고 있는 능력 있는 리더들은 그렇기에 평소에 잠재의식을 통제하기 위해 힘쓴다.

성공하는 데 필요한 3가지 지침

조셉 머피는 성공하기 위해서는 다음의 세 가지가 중요하다고 말한다.

첫째, 자신이 하고 싶은 일을 찾아 그것을 하는 것이다. 성공은 자신의 일을 사랑하는 마음에 달려 있다. 둘째, 특정 업무 분야를 전문으로 정하고, 그 분야에 관해서만은 누구보다도 잘 알아야 한다. 셋째, 하고 싶은 일이 자기 자신의 성공만을 위한 것이 아니라는 사실을 확신할 수 있어야 한다. 이기적인 욕구를 채우기 위한 목표여서는 안 된다.

저자는 이 중에서도 세 번째 지침이 가장 중요하다고 말한다. 다시 말해, 자신의 재능을 다른 사람을 위해 사용하라는 말이다.

'성공'이라는 단어는 모호하다. 머릿속에 그리는 이미지 또한 사람마다 다르다. 하지만 행복해지고 싶지 않은 사람은 없다.

그렇다면 도대체 행복이란 어떤 상태를 의미하는 것일까? 조셉 머피는 주저하지 않고 말한다. 가장 행복한 사람은 '항상 자기 안에 있는 최선의 것을 끌어와 활용하는 사람'이라고 말이다.

당신은 당신 안에 있는 최선의 것을 끌어내고 있는가? 누군가의 행복을 위해 자신의 재능을 최대한 활용하고 있다고 자신할 수 있는가?

성공한 리더들은 잠재의식을 어떻게 활용할까?

잠재의식은 순수하다. 그래서 암시에 걸리기 쉽다. 잠을 자지도, 쉬지도 않는다. 그리고 잠재의식에는 무한한 지성이 숨겨져 있다. 그 무엇보다 중요한 것은 잠재의식은 이미 답을 알고 있다는 사실이다. 그래서 당신이 질문을 던지면 잠재의식은 반드시 왠지 모를 느낌이나 직감, 아이디어의 형태로 답을 가르쳐 준다.

그리고 잠재의식 속에 깊이 박혀 있는 신념은 실제 경험으로 나타난다. 이것이 잠재의식과 신념의 법칙이다. 무엇보다 건설적인 자기암시를 걸면 파괴적인 생각을 지워나갈 수 있다. 좋은 씨앗을 뿌리면 좋은 열매를 수확할 수 있는 것이다.

잠재의식에 생각을 불어넣을 수 있는 가장 좋은 때는 잠들기 바로 직전이다. 잠들기 바로 직전과 잠에서 깨어난 직후에 잠재의식이 가장 많이 노출되기 때문이다.

이 책의 핵심은 바로 이 부분이 아닐까 한다. 실제로 내가 만난 사장들 중에는 잠들기 직전에 호흡 수련이나 명상 등 자신만의 방법으로 생각 정리 및 자기암시의 시간을 갖는다고 말한 사람이 많았다. 성공한 사람들은 자기도 모르는 사이에 잠재의식을 활용하는 삶의 방식을 이미 터득한 것이다.

14.

싫은 사람을 떠올리는 데 단 1분이라도 시간을 낭비해서는 안 된다

《자기관리론 How to Stop Worrying and Start Living**》**

데일 카네기 Dale Carnegie

사범대학을 졸업한 후 교사, 세일즈맨 등을 거친 데일 카네기는 이후 YMCA에서 대중 강연을 하면서 이름을 알리기 시작했다. 주로 화술, 인간관계, 스트레스 해소법 등을 다루었고, 생동감 넘치는 사례와 함께 구체적인 방법을 제시하면서 선풍적인 인기를 끌었다. 그는 자신의 강의를 바탕으로 세 권의 책을 집필했다. 《자기관리론》은 이때 집필한 '카네기 3부작' 중 하나로, 걱정과 스트레스에서 벗어나 희망을 찾고자 하는 사람들을 위해 쓴 책이다. 그는 걱정 없이 살 수는 없지만, 쓸데없는 걱정은 줄일 수 있다고 말한다.

걱정의 90퍼센트는 떨쳐낼 수 있다

세상에 걱정거리 없는 사람은 없을 것이다. 그런데 왜 어떤 사람은 별 어려움 없이 문제를 잘 헤쳐 나가고, 어떤 사람은 그렇게 하지 못할까? 걱정에서 벗어나려면 무엇을 어떻게 하면 좋을까?

데일 카네기는 우선 '사실을 파악하라'고 이야기한다. 또 사실 파악을 위한 정보 수집은 '자기 자신'이 아닌 '다른 누군가'를 위해 하는 것이라고 생각하면 좋다고도 이야기한다.

대부분의 사람은 걱정이나 고민에 깊이 빠져 있을 때 냉정함을 유지할 수 없다. 그렇기에 걱정하는 것이다. 데일 카네기는 이럴 때일수록 "먼저 사실을 파악하라", "직면하고 싶지 않은 사실까지 모두 수집하라", "다른 사람의 시점에서 행동하라"라고 이야기한다. 그러면 감정이 분리된다는 것이다.

"먼저 사실을 파악하라." 이는 화술 강사였던 데일 카네기다운 해법이다. 이는 토론을 할 때와 비슷하다. 토론을 할 때 개인의 의견은 별로 중요하지 않다. '찬성', '반대' 중 어느 한쪽에 속해 그 입장에서 수집해 놓은 사실만으로 상대편을 설득하는 것이 토론의 규칙이다. 이처럼 걱정의 한가운데에 있을 때일수록 토론에 임하는 자세로 사실에만 집중하도록 하자.

예전에 지인과 함께 법률 전문가를 찾아간 적이 있다. 그 법률 전문가는 지인과 상담을 하면서도 사람들 간의 관계도나 사실에 근거한 내용만 메모장에 적었다. 문제에 휘말려 머리가 혼란스러웠던 지인은 자신이 얼마나 부당한 대우를 받았는지 털어놓았다. 하지만 그 전문가는 감정적인 면은 하나도 기록하지 않았다.

데일 카네기는 말한다. "걱정은 원래의 궤도에서 벗어나 아무런 이득도 없이 원 주변를 빙빙 도는 것과 같다." 걱정에서 빠져나오고 싶다면 일단 사실관계를 파악하도록 하자.

그렇다면 그 다음에는 어떻게 하면 좋을까? 카네기는 효과적인 방법으로 다음의 내용을 적어 보라고 권한다.

- 걱정되는 상황을 구체적으로 적는다.
- 이와 관련해 자신이 할 수 있는 일을 적는다.
- 어떻게 할지를 결단한다.
- 그 결단을 즉시 실행에 옮긴다.

머릿속에 있는, 눈에 보이지 않는 괴물이 무섭다고 그냥 내버려둘 것인가? 아니, 그 반대로 괴물의 실체를 밝혀야 한다. 그리고 정말 걱정을 뛰어넘고 싶다면, 어떻게 할지 결단을 내리고 실행에 옮겨야 한다.

걱정이나 불행은 대부분 현실이 아니라 그들의 상상에서 비롯된다.

마음의 안식은 어디에서 오는 걸까?

미국의 시인이자 사상가인 랠프 월도 에머슨**Ralph Waldo Emerson**은 이렇게 말했다. "다른 어떤 것도 우리에게 평화를 가져다주지 못한다. 구원은 누가 가져다주는 것이 아니다. 자신을 믿지 않는 한 우리에게는 그 어떤 영감도, 창조도, 희망도 없다."

데일 카네기 또한 자기 마음가짐에 따라 자신의 상태가 결정된다고 이야기한다. 자신의 마음과도 조화를 이루지 못하는 사람이 어떻게 다른 사람과의 관계 속에서 안식과 안도감을 느낄 수 있겠는가!

싫은 사람을 떠올리는 데 단 1분이라도 시간을 낭비해서는 안 된다.

행복과 평화 속에서 살고 싶다면, 이를 꼭 기억하길 바란다.

바쁜 사람은 부정적인 감정에 휩쓸리지 않는다?

데일 카네기는 "불안을 떨쳐내고 싶다면 바쁘게 지내라"라고 이야기한다. 심리학에서는 아무리 우수한 두뇌의 소유자라도 사람은 한 번에 한 가지 생각밖에 하지 못한다고 한다. 이를 증명하듯 누구나 한 번쯤은 무언가에 푹 빠져서 시간 가는 줄 모르고 몰두

했던 경험이 있을 것이다. 그 시간에는 걱정도, 불안도 느끼지 못했을 것이다.

사람은 너무 한가하면 마음이 진공 상태에 가까워지기 쉽다. 생물학적 원리에 따르면 '자연은 진공 상태를 좋아하지 않는다'는 사실을 기억하도록 하자.

이렇게 진공 상태를 파고드는 걱정, 공포, 증오, 질투, 선망 등의 감정은 당신에게서 긍정적인 감정을 빼앗으려고 한다.

카네기는 또 다른 대처법으로 "피할 수 없는 운명이라면 그 결과를 순순히 받아들이라"라고 말한다. 자신의 의지로 어떻게든 할 수 있는 일이라면 맞부딪히면 된다. 하지만 의지로 대항할 수 없는 일은 걱정한다고 해도 별 도리가 없다는 말이다.

연구자 중 신경쇠약에 걸리는 사람은 거의 없다. 그들에게 그것은 사치일 뿐이다.

누군가를 위해 진지하게 움직일 수 있다면 프로다!
더불어 데일 카네기는 타인을 진심으로 대하라고 말한다.

타인에 대한 흥미로 자기 자신에 대해 잊자. 매일 누군가의 얼굴에 기쁨의 미소가 떠오를 수 있게 선행을 베풀자.

자기 자신에게만 관심이 있는 사람은 고객에게 최고의 서비스를 제공할 수 없다. 그런가 하면 서비스직에 종사하면서 고객에게서 "죄송한데 물 좀 주시겠어요?"라는 말을 듣는다면 그는 서비스직 종사자로서 자격이 없다. 일 잘하는 사람은 자연스럽게 다른 사람을 관심 있게 보고, 그 누구보다 먼저 움직인다. 사람들은 이처럼 누군가를 위해 진지하게 움직이는 사람을 '프로'라고 부른다.

15.

사람은 요구, 선택지, 도전이 너무 많으면 불안해하고, 너무 적으면 따분해한다

《몰입의 즐거움Finding Flow》

미하이 칙센트미하이 Mihaly Csikszentmihalyi

"사람은 어떤 상태일 때 가장 즐거운가?", "의도적으로 그 상태를 만들 수 있을까?" 이런 질문에 대한 비밀을 풀어낸 책이다. 몰입flow이란, 의식이 균형감 있게 질서 잡힌 마음의 상태를 의미한다. 이 책의 저자 미하이 칙센트미하이는 교육학, 심리학 분야의 세계적인 권위자로, 10여 년에 걸쳐 아시아, 유럽 등 여러 문화권에서 수많은 사람들을 인터뷰하고 조사해 이를 정리했다. 저자는 인생이 즐겁다고 느끼기 위해서는 하루하루 생활 속에서 경험하는 일들을 몰입할 수 있는 활동으로 바꿔 나가는 것이 중요하다고 말한다.

'몰입'이란 무엇인가?

저자 미하이 칙센트미하이가 말하는 '몰입'은 일상에서도 충분히 경험할 수 있는 것이다.

사람은 TV를 시청할 때보다 일을 할 때 몰입-고도의 주의집중력, 도전과 능력 사이의 조화, 통제력과 만족감-을 네 배 정도 더 자주 경험한다.

그렇다면 여기서 말하는 '몰입'이란 무엇일까? '주의注意가 자연스럽게 개인의 목표 달성을 위한 행동에 투사되는 상태'를 의미한다.

미하이 칙센트미하이는 "몰입이 지속되는 동안에는 생활 속에서 생기는 모든 불쾌한 일들을 잊을 수 있다"라고 말한다. 예를 들어 이 책에 소개된 몰입 경험자들은 "다른 때는 느낄 수 없었던 무언가가 느껴졌다. …그 어느 때보다 마음속에 자신감이 생겼다", "편안함과 평온함을 느꼈다. 실패 따위는 생각나지 않았고, 뭐라 말할 수 없을 정도로 강하고 따스한 느낌을 받았다", "명상이나 주의집중을 할 때와 비슷한 느낌을 받았다", "어떤 의미에서는 자아가 없는 상태 같기도 하다"라고 말한다.

이들의 말을 통해 알 수 있듯이 몰입은 우리에게 깊은 즐거움을 선사한다. 그렇다면 이런 깊은 즐거움이 필요한 이유는 무엇일까? 인간은 즐거움 뒤에 크게 성장하기 때문이다.

즐거움이라는 현상에는 그것을 구성하는 여덟 가지 주요 요소가 있다. 피험자들이 자신들의 생생한 경험을 통해 느낀 즐거움의 특징은 다음과 같다.

첫째, 달성할 수 있는 과제에 푹 빠져 있다.

둘째, 자신의 행동에 집중할 수 있다.

셋째, 명확한 목표가 있다.

넷째, 직접적인 피드백이 있다.

다섯째, 무리하지 않는 선에서 행동한다.

여섯째, 자신의 행동을 통제하고 있다는 느낌을 받는다.

일곱째, 몰입 상태에서는 자의식이 사라진다. 몰입을 경험한 후에는 자기 감각이 강해진다.

여덟째, 시간에 대한 느낌이 달라진다.

그렇다면 당신은 어떤가? 즐거움이 샘솟는 환경에 있는가? 외과 의사를 예로 들어 생각해 보자.

외과 의사들은 환자의 생명을 살려야 한다는 사명을 다하기 위해 팀을 꾸려 수술에 임한다. 당연히 성공할 수 있다는 전제하에 움직인다. 그들은 수술에 집중한다. '몇 시간 내에 수술을 마쳐야 환자의 생명을 구할 수 있다'라는 목표도 팀 내에서 공유한다. 환자의 혈관이나 신체의 반응 등에 주의를 기울여 무리하지 않는 범위 내에서 계속 집중한다. 이때 집도의는 당연히 자신이 그 수술을 관장하고 통제하고 있다고 느낀다. 그럴 때 집도의에게 자의식은 사라지고 없다. 이른바 몰입 상태에 있는 것이다.

이런 일은 어떤 직업군에서나 경험할 수 있는데, 이런 일련의 흐름을 생활 속으로 끌어오는 것이 중요하다.

몰입을 경험하려면 무엇이 필요한가?

미하이 칙센트미하이는 몰입 경험을 하기 위해서는 '명확한 목표'와 훈련된 '주의집중'이 필요하다고 이야기한다. 목표가 없으면 집중력이 생겨나지 않는다는 것이다. 당신은 명확한 목표를 가지고 일에 임하고 있는가?

능력치를 높이려면 심리적 에너지를 새롭고 도전적인 목표에 투사해야 한다.

목표에 너무 집착한 나머지 현재 상태에서 즐거움을 이끌어낼 수 없을 때 문제가 발생한다.

도전적인 목표를 찾아내는 간단한 방법으로 저자는 "자신을 경쟁 상황 속에 두라"라고 이야기한다. 단, "경쟁은 인간의 능력을 완전하게 발휘하기 위한 수단이 될 때에만 즐거울 수 있다는 사실을 잊어서는 안 된다"라고도 말한다. 경쟁 그 자체가 목적이 되어 버리면 즐거움이 사라지니 주의하도록 하자.

몰입 경험이 우리에게 선사하는 것

몰입을 경험한 사람은 즐거움을 얻고 강해진다. 그리고 몰입 상태를 경험할 때는 자의식이 사라지게 된다.

그리고 몰입을 경험하게 되면 내적으로 더 강해질 뿐만 아니라, 다른 사람이나 일반 세계와 그때까지보다 훨씬 강하게 '하나가 된' 느낌을 받을 수 있다.

미하이 칙센트미하이는 목표의 정도에 따라 몰입의 즐거움이 달라진다고 말한다.

사람은 요구, 선택지, 도전이 너무 많으면 불안해하고, 너무 적으면 따분해한다.

'목표 달성'을 주제로 하는 책들에서는 '열심히 노력했을 때

닿을 수 있는 수준의 목표를 설정하지 않으면 좌절하고 만다'라고 말하곤 한다. 많은 사람들이 자신의 능력을 최대한 발휘할 수 있는 목표를 갖길 바라지만, 그 목표에도 '정도'가 있어야 한다는 말이다. 너무 어렵고 달성 불가능한 과제가 주어지면, 사람의 마음은 툭 하고 부러지고 만다.

또 사람은 선택지가 너무 많으면 오히려 흥미를 잃게 된다는 점도 기억하자. '적정선'을 잘 지키는 것 또한 뛰어난 사장의 자질인 것이다.

16.

사랑은 그 사람의
행복과 성장과 자유를 위해
적극적으로 노력하는 것이고,
그 사람과 내적 관계를
맺는 것이다

《자유로부터의 도피Escape from Freedom》

에리히 프롬Erich Fromm

어떻게 인류가 자유를 포기하고 권위주의나 나치즘을 만들어 냈는지를 밝힌 책이다. 저자 에리히 프롬은 나치 치하의 독일을 떠나 미국으로 망명한 사회심리학자다. 프로이트의 영향을 받았으나 성욕이나 본능으로 인간의 성격 형성에 대해 설명하는 프로이트와 다른 입장을 취해 '프로이트 좌파'라고도 불린다. 이 책은 현대 고전을 대표하는 책이자 자아의 상실과 불안, 도피의 메커니즘을 밝힌 에리히 프롬의 대표작이다. '자유로의 도피'가 아니라 '자유로부터의 도피'라는 제목 속에 이 책의 주제가 깃들어 있다.

힘의 2가지 의미

에리히 프롬은 힘에는 두 가지 의미가 있다고 이야기한다. 그 하나는 '지배'이고, 다른 하나는 '능력'이다.

당신 주위에도 권위주의적 성격의 화신 같은 사람이 있지는 않은가? 에리히 프롬에 따르면 그들의 마음속 깊은 곳에는 고독감이 자리 잡고 있다. 그리고 '자기 자신의 약점에서 벗어나고자 하는 마음'도 있다. 단, 그것이 가능하기 위해서는 '대상'이 필요하다.

권위주의적 성격은 인간의 자유를 속박하는 것을 좋아한다.

권위주의적 성격을 지닌 사람이 인간을 판단하는 기준은 단순하다. 그들은 '우월한가, 열등한가'로 인간을 판단한다. 혹시 당신이 삶이 힘들다고 느낀다면, 부디 주위를 한번 둘러보길 바란다. 당신은 누군가의 목적을 달성하기 위한 '도구'가 되어 있지는 않은가?

이쯤에서 에리히 프롬이 정의하는 '사디즘sadism적 경향'과 '마조히즘masochism적 경향'을 동시에 가지고 있는 인간의 특징에 대해 복습해 보자.

사디즘적 경향과 마조히즘적 경향의 특징

우선 사디즘적 경향을 살펴보자.

사디즘적 경향의 인간에게서는 '의존하게 만든다', '착취한다', '괴로워하는 모습을 보려고 한다'는 세 가지 특징을 발견할 수 있다.

사디스트는 자신이 지배할 인간을 필요로 한다. 그것도 아주 절실하게. 그들의 강자 의식은 자신이 누군가를 지배한다는 사실에 뿌리를 두고 있기 때문이다.

한편 마조히즘적 경향의 인간에게서는 '열등감', '무력감', '개인을 하찮게 느끼는 감정'을 볼 수 있다.

참고로 사디즘과 마조히즘은 다른 듯하지만, 그렇다고 정반대의 개념은 아니다. 에리히 프롬은 그 근본에는 공통된 욕구가 존재한다고 이야기한다. 바로 '고독을 참지 못한다'는 것과 '자기 자신의 약점에서 벗어나고 싶어 하는' 욕구다.

이 책에서 가장 압권인 장은 도피의 메커니즘을 다룬 5장이다. 부디 한번 읽어 보길 권한다.

사디즘적 경향을 가진 인간은 다른 인간을 사랑할까? 이에 대해 알기 쉽게 풀이한 문장이 있다.

사디즘적 경향을 지닌 인간은 그가 지배하고 있다고 여기는 인간만을 너무나도 명확하게 '사랑'한다.

인간은 언제 자발성을 되찾을 수 있나?

얼마 전 한 여성 경영자에게서 이런 이야기를 들었다. 그 경영자는 어려서부터 부모에게서 당신들이 바라는 이상적인 모습으로 자라길 강요받아 왔고, 오랜 세월 동안 그런 딸로 살아오느라 힘들었다는 얘기였다.

사회에 진출하자 그 다음에는 직장의 상사가 그녀를 기다리고 있었다. 거기서도 역시 그녀는 상사가 원하는 역할을 연기했다고 한다. "어이, 거기 미스 ○, 차 좀 타 와", "여자가 일은 잘해서 뭐해? 시집만 잘 가면 되지"라는 말을 수도 없이 들어왔다고 한다. 요즘 같으면 이런 말을 입 밖으로도 꺼내지 못하지만, 과거에는 문제가 되면 "다 자네 걱정해서 하는 말이야"라고 얼버무리면 끝이었다.

이 여성 경영자에게는 에리히 프롬의 이 말을 들려주면 좋을 것이다.

마조히즘적 유대는 도피다. 개인으로서의 자기는 해방되었을지 모르지만, 그 자유는 실현되지 못했다. 이는 불안, 의혹, 무력감에 제압당한 것이다.

언제 진정한 자기 자신으로 존재할 수 있을까?

개인의 성장과 행복이 문화의 목표인 동시에 목적인 사회, 성공이나 다른 어떤 것으로 정당화할 필요가 없는 사회, 외부의 어떤 힘에 의해 조종당하지 않는 사회, 개인의 이상이 외부에 있는 누군가에 의해 심어지지 않는 사회. 에리히 프롬은 이런 사회일 때 비로소 자아를 실현해 진정한 자기 자신으로 존재할 수 있다고 이야기한다.

인간 존재와 자유는 애당초 분리할 수 없다. 여기서 말하는 자유란 '…로의 자유'와 같은 적극적인 의미가 아니라 '…로부터의 자유'와 같은 소극적인 의미다.

그런가 하면 에리히 프롬은 진정한 사랑과 자유의 의미에 대해서는 이렇게 말한다.

다시 말해 사랑은 그 사람의 행복과 성장과 자유를 위해 적극적으로 노력하는 것이고, 그 사람과 내적 관계를 맺는 것이다.

자신의 약점을 감추기 위해 누군가가 존재하지는 않는가? 자신이 인간으로서 진정으로 다른 사람을 사랑하는지 다시 한번 돌아보길 바란다. 마음속 깊이 상대방이 성장하기를 바라고, 진지하게 그를 대하고 있는지를 말이다. 인간은 자칫 방심하면 다른 누군가의 생각대로 살게 되고 만다. 하지만 이런 삶에 진정한 자유는 없다.

먼저 자아의 독립성을 확립한 후 다른 사람과의 내적 유대감을 추구하도록 하자. 상대방의 성장과 행복을 진정으로 바라는 사람이 될 때 자기 자신도 변화할 수 있다.

17.

'해가 되지 않는' 양보,
이것이 문제다.
아주 사소해 보이는 약속 하나로
다음 행동이
의도치 않게 결정된다

《설득의 심리학Influence》

로버트 치알디니Robert Cialdini

시중에 나와 있는 심리학 도서나 마케팅 관련 일화의 기본 소재는 다 이 책에서 나왔다 해도 과언이 아니다. 이 책에는 풍부하고 다양한 사례들이 실려 있는데, 읽다 보면 분명 어디선가 들어 본 적 있는 내용일 것이다. 저자는 수많은 영업사원들의 호구가 되어 원치도 않는 온갖 물건을 끊임없이 사들인 사회심리학자다. 그 이유를 파헤치기 위해 저자는 인턴사원으로 위장해 교묘한 상술이 감춰진 영업 현장으로 뛰어든다. 그 결과 영향력을 발휘할 수 있는 '여섯 가지 무기'를 밝혀내는 데 성공한다.

나도 모르게 '예스'라고 말해 버리는 이유는?

"지금 바로 돈 100만 엔 좀 빌려 줘." 갑자기 친구에게서 이런 부탁을 받았다고 치자. 당신은 즉시 아무 생각 없이 그 돈을 빌려줄 수 있는가? 이때 당신이 지금 당장 100만 엔은 어렵다며 거절했다고 치자. 그러자 친구가 바로 다음과 같이 이야기한다면 어떻게 하겠는가?

"그럼 50만 엔이라도 빌려줘."

이 말에 당신은 아마도 당신 자신도 모르게 '예스'라고 대답할지 모른다.

이 이야기에는 이 책에서 소개하는 '상호성의 법칙'과 '대조 효과'라는 두 가지 기술이 포함되어 있다. 이처럼 세상에는 사람의 마음을 교묘하게 움직이는 장치들이 여기저기 은밀하게 깔려 있다.

단 2개의 글자만으로 사람을 조종할 수 있다고?

예를 들어 접속사나 단 두 글자로 이뤄진 조사만으로 사람을 조종할 수 있다면 어떨까?

심리학이나 마케팅 관련 도서를 좀 읽어본 사람이라면 '후광 효과'나 '일관성의 원칙', '면전에서 문 닫기 기법', '문전 걸치기 전략' 등의 용어를 들어 본 적 있을 것이다. 《설득의 심리학》에서는 모든 심리학의 기본 소재가 이 책에 다 담겨 있다고 말할 수 있을 정도로 다양한 심리 효과와 현상을 설명하고 있다. 아무도 대놓고 이야기하지 않지만 이름난 카피라이터나 마케터라면 분명 이 책을 읽었으리라. 이 책에는 사람을 움직이는 설계도가 들어 있기 때문이다.

한편 로버트 치알디니는 도덕적인 측면을 굉장히 강조하는데, 나쁜 의도로 설득의 기술을 이용하면 그것은 조작에 지나지 않을 것이기 때문이리라. 즉 방어하는 사람에게 필요한 이론을 공격하는 사람이 습득하면 상대의 전략을 간파해 사람을 교묘하게 움직이는 방법으로 악용할 소지도 있는 것이다.

예를 들어, 이유를 이야기할 때 '~여서(해서)'를 사용하면 전후 맥락이 맞지 않는 이유를 대더라도 사람을 움직일 수 있다고 한다. 누군가에게 부탁할 때 '요청+이유'로 전달하면 성공 확률이 높아진다는 말이다.

'실례합니다. 제가 서류 다섯 장이 있는데, 너무 급해서 그러는데 먼저 복사 좀 할 수 있을까요?' 이렇게 부탁했을 때의 성공 확률은 94퍼센트였다. 그런데 지금부터가 더 놀랍다. 앞뒤가 맞지 않는 이유를 대더라도 성공 확률이 93퍼센트나 됐기 때문이다. 실험에서는 다음과 같은 부탁도 해 보았다. '죄송한데… 제가 서류 다섯 장이 있는데, 꼭 복사를 해야 해서 그러는데 먼

저 복사 좀 할 수 있을까요?'

그 이유가 어떻든 '~여서(해서)'라는 두 글자에 이끌려 자동적으로 '누르면 작동하는 원리'가 작용하는 것이다.

영향력을 가진 6가지 무기

이 책은 진정으로 영향력을 발휘할 수 있는 무기 여섯 가지를 소개한다.

- 상호성: 자기도 모르게 상대방에게 갚아야 할 의무가 있다고 생각한다. 상대방이 불공정한 교환을 제시하지는 않는지 주의하기를 바란다.
- 약속과 일관성: 일관성 있게 행동하려고 노력한다. 또 상대방이 일관성 있다고 여길 만한 행동을 한다.
- 사회적 증거: 자신의 머리로 판단하지 않고, 사회적 권위를 바탕으로 데이터, 정보 등을 신뢰한다.
- 호감: 호감을 느끼는 사람이 하는 말은 쉽게 믿어 버리는 경향이 있다.
- 권위: 판사, 정치인, 경영자, 리더 등 직함이나 권위가 있는 사람에게는 깊게 뿌리박힌 의무감이 발동하고 만다.

- 희소성: '내일이면 구할 수 없다', '몇 개 안 되는 한정품이
  다' 같은 정보로 행동의 방향성을 제시한다.

예를 들어 상호성의 원칙이 무서운 이유는 모든 인간관계에
적용되기 때문이다. 즉 상대방에게 딱히 좋은 감정이 없을 때에
도 이 원칙이 작용한다는 말이다. 혐오감을 느끼는 상대에게조
차 무언가 갚아야 한다는 심리가 작동한다니 놀랍지 않은가!

설득당하지 말고 설득하라

다른 사람의 영향력에서 벗어나려면 자기 스스로 주체적으로 살
아갈 수 있어야 한다. 그렇지 않으면 약삭빠른 인간에게 조종당
하고 만다! 이렇게 다른 사람과의 관계에서 '누르면 작동하는'
원리가 작용하거나 사회적 권위에 휘말린다면, 자신이 판단하고
개척해야 할 일을 다른 사람 손에 맡기는 셈이다.

저자 로버트 치알디니의 말을 가슴에 새기며 당신 주위에서
군림하는 사람들을 움직이기 위한 무기로 설득의 심리학을 응용
해 보길 바란다.

**'해害가 되지 않는' 양보, 이것이 문제다. 아주 사소해 보이는 약
속 하나로 다음 행동이 의도치 않게 결정된다.**

예를 들어, 애초에 프로젝트에 참가할 마음이 없는 당신에게
상대방이 "회의에 참석해서 앉아 있기만 하면 돼"라는 말로 설득
했다고 치자. 당신이 '그 정도는 괜찮겠지' 싶은 마음에 그러기로
약속했다면, 그 다음은 불 보듯 뻔하다. 그 다음에는 "아이디어만
좀 공유해 줘", "이 일을 맡아 줬으면 좋겠는데" 같은 부탁을 해
올 것이다. 그러다 정신을 차렸을 때 당신은 핵심 멤버가 되어 프
로젝트에 깊이 관여하고 있을 수 있다. 이처럼 작은 일에 '예스'
라고 대답해 버리면 상대방의 손아귀에서 점점 빠져나오기 힘들
어진다는 말이다.

18.

무릇 인간으로서
완전한 삶을 살기 위해서는
정말 적극적인 마음으로
임해야 한다

《운명을 개척하다運命を拓く》

나카무라 덴푸中村天風

무술인이자 금융인, 철학자였던 나카무라 덴푸가 긍정적인 인생의 가르침에 대해 전하는 책이다. 젊은 시절, 저자는 러일전쟁 때 만주에서 첩보원으로 활약하고 구사일생으로 살아 돌아왔으나, 당시 불치병으로 여겨졌던 결핵으로 다시 한번 생사를 넘나들어야 했다. 이후 치료차 컬럼비아대학교에 가 의학을 공부했고, 귀국 길에 들른 이집트에서 요가의 성자를 만나 우주의 진리를 깨달았다. 아흔두 살에 생을 마감할 때까지 재계, 정계, 법조계, 예술계 등 많은 분야에 영향을 끼쳤다. 그는 잠재의식이 실재 의식에 크나큰 영향을 미치며, 말에는 인생을 좌우하는 힘이 있다고 설파했다.

인생을 지배하는 하나의 법칙

"뿌린 대로 거둔다"라는 말은 만고의 진리다. 좋은 씨앗을 뿌리면 좋은 수확물을, 나쁜 씨앗을 뿌리면 나쁜 수확물을 거둔다. 이는 누구나 다 아는 사실이다. 그런데 왜 인간은 이 사실을 알면서도 인생이 마음먹은 대로 되지 않는다며 괴로워할까? 인간을 괴롭히는 근원은 도대체 무엇일까?

'철인'으로 불린 나카무라 덴푸는 죽음의 고비를 넘던 중 한 성자를 만나면서 진리를 깨닫는다.

'그 사람 마음에서 일어나는 생각이 그의 인생을 만든다.' 이것이 수십 년에 걸쳐 생각하고 고심한 끝에 마침내 깨달은 인간의 생명에 관한 우주의 진리다.

나카무라 덴푸는 우주 창조의 기본인 '기氣'를 '우주령宇宙靈'이라고 부른다. 어쩌면 이 말이 귀에 착 달라붙지 않을지도 모른다. 그럴 때는 '우주령'을 '신'이나 '부처'로 바꾸어 이해해도 좋다.

저자는 "그 어떤 때라도 긍정적인 마음가짐을 지녀야 한다. 절대 그 반대로 행해서는 안 된다"라고 주장한다.

무릇 인간으로서 완전한 삶을 살기 위해서는 정말 적극적인 마음으로 임해야 한다. 그 어떤 경우에도 깨끗하고 고귀하고 강하

고 올바른 마음을 지녀야 한다.

그는 또 "원인과 결과를 잘못 이해해서는 안 된다"라고도 말한다. 불안이나 두려움이라는 감정이 마음을 부정적으로 만든다고 생각하기 쉽다. 하지만 이는 잘못된 생각이라고 한다. 나카무라 덴푸는 말한다. "이는 주객이 전도된 것과 같다. 원인은 용기가 부족하기 때문이다. 이 용기 부족으로 인해 부정적인 마음가짐이나 기분이 생겨나는 것이다."

긍정적인 마음가짐을 갖기 위해서는 '자신=힘'이라는 사실을 결코 잊어서는 안 된다.

그 사람의 말이 그 사람의 삶을 결정한다

사람의 마음이나 삶에 가장 큰 영향을 미치는 것은 무엇일까? 나카무라 덴푸에 따르면 바로 '말'이라고 한다.

어떤 사람의 말이든 말이 되기 전에 관념이 그 말을 만든다.

세상사는 말에 의해 철학이 되고 과학이 된다. 다시 말해 말은 세상일을 좌우하는 힘을 가졌다. 이를 깨닫는 것이야말로 삶을

승리로 이끄는 최고의 무기다.

혹 이런 경험을 한 적은 없는가? 입에서 무심코 튀어나온 "피곤하다", "괴롭다", "힘들다" 등의 말이 자기 자신에게 암시를 걸어 더 힘들어진 경험 말이다.

말은 대충 사용하면 안 된다. 당신은 지금까지 누군가에게 용기를 북돋는 말을 얼마나 많이 건네 왔는가? 얼마나 적극적으로 상대방이 기뻐할 말을 해 왔는가?

서로에게 힘이 되는 평온한 세상을 만들고 싶다면, 먼저 자신이 사용하는 말부터 되돌아봐야 한다. 그때 비로소 자신의 마음도 되돌아볼 수 있게 된다.

사장이 나아가야 할 길

생각해 보자. 여러 사람이 똑같이 일했는데 다른 사람들은 다 좋은 평가를 받고 인정도 받았지만, 당신만 그렇지 않았다면? 아마도 당신의 마음은 편치 않을 뿐 아니라 화가 나서 못 견딜 지경일 것이다.

그렇다면 사장인 당신은 어떻게 하고 있는가? 혹 은연중에 당신의 마음에 드는 직원과 그렇지 않은 직원을 차별하고 있지는 않은가?

나카무라 덴푸는 이를 '한쪽으로 치우친 애정'이라고 말한다. 사장에게는 추진력이 있어야 한다. 조직의 힘을 모두 끌어모아 일사분란하게 앞으로 나아가려고 할 때, 누군가 일부 직원만 편애하고, 그 사실을 직원들에게 들켜 발목 잡히는 일이 있어서는 안 된다.

'성誠'은 한 치의 흐트러짐도 없는 도리를, '선善'은 '애정'을, '미美'는 '조화'를 의미한다.

여기서 '성誠'은 '진眞'과 같은 의미로, 나카무라 덴푸는 '진선미眞善美'를 '바람직한 마음의 모습'이라고 해석한다. 나아가 또 한 가지 눈이 번쩍 뜨일 만한 말을 한다.

'이해'와 '자각'은 완전히 다르다. 이해는 그저 아는 것이고, 자각은 진정으로 자신의 영혼으로 받아들이는 것이다.

사람이 어떤 사실을 알면서도 그대로 행하지 못하는 이유는 머리로만 이해하기 때문이다. '자각自覺'이라는 말에는 '스스로 눈을 뜬다'는 뜻이 담겨 있다. 스스로 눈을 떠 깨달음을 얻는 것이야말로 다음 단계로 나아가기 위한 첫 관문이다.

용기를 키워 주는 말을 하고 있는가?

저자는 긍정적인 말을 배우고 익혀 진리를 실천하는 삶을 목표로 삼으라고 한다.

아름답지 않은 감정은 악마라고 생각하라.

악마라는 존재는 우리 마음속에 조용히 숨어들어 마음을 좀먹는다. '악'은 약한 것에 민감하게 반응한다. 자칫 방심하는 틈을 타 그 마음속으로 숨어드는 것이다. 그렇다고 악마에게 마음을 빼앗기지 않기 위해 악마를 너무 의식할 필요는 없다. 악마를 너무 의식하고 저항하면 그것이야말로 악마가 바라는 바이기 때문이다.

당신의 마음속에 악마가 숨어들 틈을 주지 않도록 하자. 이때 기억할 것은 '부정적인 말을 사용하면 용기가 줄어든다'는 사실이다.

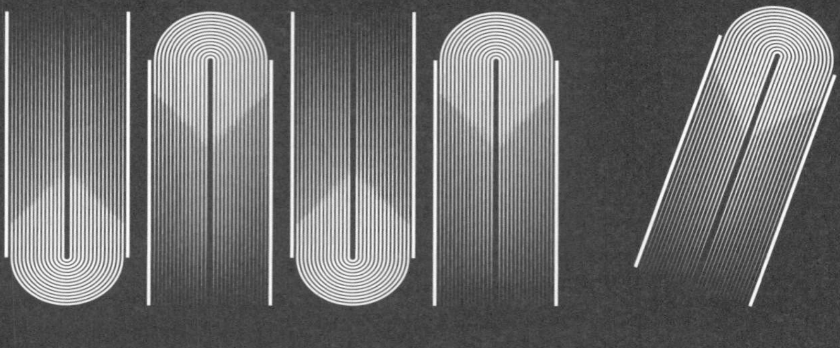

2장

최고의 리더는
어떻게 조직을 이끄는가

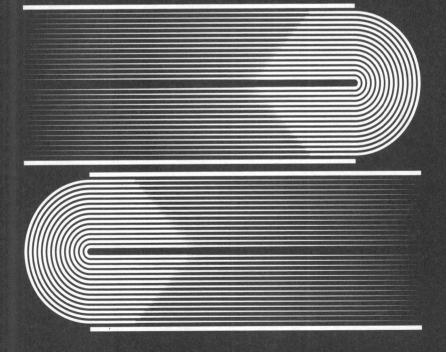

19.

조직의 목적은
평범한 사람이
비범한 일을 하게
만드는 데 있다

《매니지먼트Management》

피터 F. 드러커 Peter F. Drucker

'현대 경영학의 아버지'로, 그리고 세계에서 가장 영향력 있는 사상가로 알려진 피터 드러커가 이야기하는 매니지먼트의 기본 원칙이 담겨 있다. 피터 드러커 최고의 저작물로 꼽히는 책이다. 저자는 '개인의 강점은 사회에 도움이 되어야 한다'라고 주장한다. '매니지먼트의 역할은 무엇인가?', '조직이란 무엇인가?' 이런 질문들 외에도 스스로 행동할 수 있게 부추기는 양질의 질문으로 가득 차 있다. 1974년에 처음 출간되었지만, 지금도 통하는 것은 물론 시대를 앞서가는 획기적인 발상들로 가득한 책이다.

'성과' 말고 무엇으로 증명할 수 있을까?

피터 드러커가 한 말 중에는 유명한 말이 많다. 그중에서도 특히 "기업의 목적은 고객을 창조하는 것이다"라는 명언이 유명하지 않을까? 하지만 나는 오히려 이 말을 추천하고 싶다.

성과야말로 모든 활동의 목적이다.

피터 드러커는 일관되게 "기회를 잡아 성과를 내라"라고 이야기한다. 조직 또한 성과 앞에서는 그저 도구에 불과하다. 평소의 사소한 걱정 따위는 다 날려 버릴 정도로 간단명료하게 기업의 활동 목적에 대해 설명한 말이다. 지금 당신의 고민은 성과와 직결되는 고민인가? 장기적인 성과로 이어지는 고민인가? 지금 당장 피터 드러커의 철학 속으로 들어가도록 하자.

타이밍을 놓치면 할 수 있는 일도 하지 못한다

피터 드러커는 "미래 사회를 정확하게 예측하는 것은 불가능하다"라고 이야기한다. 이러한 상황에서 어떻게 성과를 낼 기회를 잡을 수 있을까? 또 성과를 내기 위해 매니저에게 주어진 역할은 무엇일까?

생산성 향상이야말로 매니지먼트의 중요한 역할 중 하나다.

저자는 "기회가 아니라 문제에만 초점을 맞추는 사람을 윗자리에 앉혀서는 안 된다"라고도 이야기한다. 이는 '조직의 초점은 문제가 아닌 기회에 맞춰져야 한다'는 원래의 목적에 반하는 것이기 때문이다.

매니지먼트의 본질은 무엇일까?

그렇다면 피터 드러커는 매니지먼트의 본질에 대해 뭐라고 말했을까?

사람을 매니지먼트한다는 것은 그 사람의 장점을 발휘하게 만드는 일이다.

당신은 회사의 직원들이 장점을 발휘할 수 있게 하고 있는가? 충분히 소통하는가?

먼저 단어의 정의를 명확하게 설명한 후 이야기를 시작하는 피터 드러커의 화법은 일할 때도 크게 참고할 만하다. '무엇은 무엇이 맞는가?' 하는 방식이다. 단어에 대한 정의가 엇갈리면 인식이 엇갈리게 되고, 오해를 낳는다. 또 이를 수정하려면 시간이

걸린다. 그 결과 피터 드러커가 목표로 하는 성과를 내는 활동에
서 멀어지고 만다.

기회를 잡아 행동할 뿐이다!

위험을 감수하고 싶지 않은 사람은 아무래도 단점이나 문제점에
눈이 가게 마련이다. 그러나 기회는 위험 속에 있다. 그리고 실행
하지 않으면 기회는 날아가 버리고 만다.

실행에 옮기지 않는 목표는 목표가 아니다. 그저 꿈에 불과하다.

성장하려면 변화해야 할 타이밍을 알아야 한다.

성과를 내려면 기회를 잡아 행동하는 삶의 방식을 택해야 한
다는 것이다.

매니저는 윗사람과 아랫사람 사이에 끼어 있는 사람이 아니
다. 매니저의 역할은 조직의 생산성을 높여 줄 인재를 육성하는
것이다. 지금 당장 필요한 것과 먼 미래에 필요한 것이 무엇인지
파악해 그 균형을 맞춰 가야 한다. 이런 일이야말로 매니저에게
주어진 사명이다.

피터 드러커가 정의한 '매니저'란?

누군가 당신에게 "매니저란 무엇인가?"라고 묻는다면, 무엇이라고 대답하겠는가? 피터 드러커는 이 책에서 매니저를 새롭게 정의한다.

매니저를 구분 짓는 기준은 '명령하는 권한'이 아니라 '공헌하는 책임'에 있다.

매니저란 오랫동안 조직에 몸담고 있는 사람도, 지위 높은 사람도, 권한이 많은 사람도 아니다. '조직에 공헌할 책임이 누구에게 있는가?' 이 관점에서 보면 누가 매니지먼트를 담당해야 하는지를 알 수 있다.

매니저는 매니지먼트의 일원으로서 사업 매니지먼트, 사람과 업무 매니지먼트, 사회적 책임 매니지먼트라고 하는 세 가지 과제를 수행하게 된다.

이처럼 매니저의 책임은 막중하다.

인재는 만들어 쓰는 것!

최고 경영자라면 누구나 조직을 강하게 만들고 싶어 한다. 당연히 훌륭한 인재를 확보해 사업을 확장하고 싶어 한다. 그런데 요즘 중소기업 사장들은 입을 모아 이야기한다. "우리 같은 회사에는 좋은 인재가 안 와요."

이렇게 말하는 사장이라면 다음 문장에 주목하자.

조직의 목적은 평범한 사람이 비범한 일을 하게 만드는 데 있다. 천재에게 기댈 수는 없다. 천재는 드물다.

피터 드러커는 또 말한다. "조직의 역할은 사람의 약점을 무의미하게 만드는 것이다"라고.

20.

리더는 다른 사람에 앞서
자신이 생각하는 해결책을
먼저 밝혀서는 안 된다

《합의의 기술Why Great Leaders Don't Take Yes for an Answer》

마이클 A. 로베르토 Michael A. Roberto

결정할 내용에 마음을 빼앗기는 것이 아니라, 결정하는 과정 자체를 결정하는 것이 리더의 역할이다. '회의에 누구를 참석시킬 것인가?', '참석자들 사이에 어떤 분위기를 만들 것인가?', '자신은 토의에 어떤 형태로 관여하고, 어느 정도 영향을 미칠 것인가?'를 결정하는 것이 무엇보다 중요하다는 것이 저자의 주장이다. 또 저자는 진정한 합의consensus 란 "결정한 내용을 실행하는 데 동의하고 협력한다"는 뜻이라고도 말한다.

딜레마에 빠진 리더를 구원해 줄 의사 결정 과정

이 책에서는 의견 대립이나 논쟁을 장려한다. 의사 결정으로 인해 일어날 수 있는 부작용을 줄이고, 그 질을 높이기 위해 절대 피해서는 안 되는 것이 바로 대립과 논쟁이라는 것이다.

한편, 리더에게는 합의를 이끌어내고, 합의의 결과를 실행에 옮기는 역할도 요구된다.

이 상반된 두 가지 요구사항 사이에서 어떻게 균형을 잡을 것인가? 이에 이 책은 효과적인 의사 결정 과정에 관한 '4C'를 소개한다.

'4C'는 리더가 딜레마를 극복하는 데 필요한 전략이다.

일단 '구성Composition'을 결정해야 한다. 다시 말해 '어떤 사람들로 구성할까' 하는 것이다. 다음으로는 '맥락Context'을 잡아야 한다. 이는 '토론의 규칙이나 규정을 어떻게 정할 것인가' 등의 배경을 구축하는 것이다. 세 번째는 '커뮤니케이션Communication'이다. '어떻게 정보를 교환하고, 어떤 방법으로 평가할 것인가'다. 네 번째는 '통제Control'이다. '과정과 내용을 어떻게 관리할 것인가' 하는 것이다.

'4C'는 리더의 역할과 영향력이 미치는 범위를 결정하는 일로도 연결된다.

혹시 올바른 의사 결정을 하고 싶다는 마음이 너무 앞선 나머지 중요한 일들을 놓치고 있지는 않은가? 팀으로 일하는 한 리더는 세세한 내용에 신경 쓰기에 앞서 건전한 의사 결정을 위해 정보를 어떻게 수집할 것인가에 더 초점을 맞추어야 한다.

컬럼비아 우주왕복선의 비극은 건전한 의사 결정에 필요한 정보가 충분히 보고되지 않은 탓에 책임자가 위험을 정확하게 인지하지 못해 일어난 사고라 할 수 있다.

리더는 다른 사람에 앞서 자신이 생각하는 해결책을 먼저 밝혀서는 안 된다.

당신의 팀에서는 의견 대립이 건설적으로 이뤄지고 있는가? 만약 그게 잘 안된다면 어떤 일이 벌어질까?

저자 마이클 A. 로베르토는 다음의 현상들이 나타난다면, 그에 대한 경계신호로 볼 수 있다고 말한다.

상대방의 의견을 좀 더 이해하고자 하는 질문이 나오지 않는다.

팀이 새로운 정보를 찾으려고 하지 않는다.

같은 주장을 집요하게, 큰소리로 반복한다.

의사 결정 과정의 공정성을 높이려면

안심하고 자신의 의견을 이야기할 수 있는 분위기를 갖추는 것만으로는 부족하다. 그에 더해 리더는 공정성을 갖추어야 한다.

다른 사람의 의견을 진심으로 존중하는 자세를 확실히 보여주어야 한다.

미리 결론을 정해 놓고 자신의 의견과 방향이 다른 의견은 매장시켜 버리는 듯한 행동을 취하고 있지는 않은가? 리더라면 의사 결정 과정의 공정성을 소홀히 다루어서는 안 된다. 이를 소홀히 했다가는 합의를 이끌어내지 못하게 될 수도 있기 때문이다.

저자는 '합의'를 다음과 같이 정의한다.

참가자가 최종 결정을 이해하고, 채택된 행동 방침을 수행하는 데 전력을 다할 것을 맹세하며, 그 계획이 구성원 전체의 것이라는 인식하에 이를 실행에 옮길 때, 자진해서 다른 사람과 협력하고자 하는 의지가 생기는 것.

즉, 합의란 전원이 찬성하고 서로 협력하며 실행하는 것이다. 그런데 이때 문제의 불씨가 남아 있으면 실행력이 떨어진다. 다시 말해 좋은 결과가 나오지 않는다. 그리고 이 모든 것은 리더의 책임으로 돌아온다.

리더는 개개인의 의견을 어떻게 최종 결론에 반영할 것인지를 설명해야 한다. 더불어 다루지 않았던 의견이 있다면, 그 이유를 설명해야 한다.

마이클 A. 로베르토는 의사 결정의 질을 높이기 위해 '평가'와 '주장'을 분리하는 것도 중요하다고 이야기한다. 확실히 신경 써서 듣지 않으면 이 둘을 구분하기가 힘들고, 그냥 지나쳐 버릴 수도 있다. 평가에는 분석 결과 또는 사실에 근거한 내용이 제시되어야 한다. 반면 주장은 그저 의견일 뿐이다. 이 두 가지는 완전히 다르다.

의사 결정이 끝이 아니다

이 책에서 저자는 활발한 논의의 필요성에 대해 주장한다. 논의에 참가한 사람은 리더가 자신에게도 동료들에게 하는 것과 똑같이 발언 기회를 주기를 바란다. 자신의 이야기를 들어주기를 바라는 것이다.

사람들은 누군가 자신의 의견을 들어주기를 바란다. 그리고 결론을 말해 주기를 바란다.

또 사람들은 결정을 내린 후의 프로세스에 대해서도 신경 쓴다. 그렇기에 그들은 결론을 원한다. 결론이 나지 않으면 향후 어떤 과정을 거쳐야 하는지가 보이지 않기 때문이다.

21.

다른 사람을 움직이는
유일한 방법은
그가 원하는 바를
제공하는 것이다

《인간관계론How to Win Friends and Influence People》

데일 카네기│Dale Carnegie

데일 카네기가 다양한 직업을 경험하며 터득한 인간관계의 비법을 소개한 이 책은 현대 고전 중의 고전이다. '자동차 왕' 헨리 포드, '노예 해방의 아버지' 링컨 등 위인들의 일화와 함께 '인간관계의 기본 원칙'부터 '인간관계를 잘 맺는 방법', '상대방을 설득하는 방법', '사람을 바꾸는 방법', '행복한 가정을 가꾸는 비결' 등을 소개한다. 언변은 뛰어나지만 사람들이 자기 뜻대로 움직여 주지 않는다고 한탄하는 사람이라면, 이 책을 통해 자신에게 부족한 점이 무엇인지 깨닫게 될 것이다.

논쟁에 이겼지만 상대방이 움직이지 않는다?

"수술은 성공했다. 하지만 환자는 죽었다." 이런 말을 들어 본 적 있는가? 유명 대학병원의 의사가 미국 암학회에서 자신의 수술 성공 사례를 발표할 때 나온 말이다. 그가 아주 어려운 암 수술에 성공했다고 발표하자, 학회 참가자 중 한 사람이 환자는 어떻게 됐냐고 물었다. 사실 그 환자는 수술 한 달 뒤 사망했다. 수술을 통해 암세포를 제거하면서 암이 전이된 신체의 많은 부분을 함께 제거한 탓이었다.

카네기는 이런 상황을 경계할 것을 주장한다. "수술은 성공했다. 하지만 환자는 죽었다"라는 말을 인간관계에 적용하면 '논쟁에는 이겼다! 하지만 상대방에게 미움받고 원망을 사 상대가 내 뜻대로 움직이지 않는' 상황에 처하게 된다.

다른 사람을 움직이고 싶다면 상대방에게 미움받으면 끝이라는 사실을 잊지 말아야 한다. 사람은 자신이 싫어하는 사람의 말은 그 말이 아무리 이치에 맞더라도 따르지 않는다. 사람은 감정의 지배를 받는 존재이기 때문이다.

논쟁을 즐긴다면 상대방의 마음을 얻을 생각은 말라

데일 카네기는 논쟁하기를 좋아했다. 그는 에이브러햄 링컨 Abraham Lincoln 연구가로도 유명한데, 링컨 또한 카네기처럼 논쟁하기를 좋아했다고 한다.

자신을 가볍게 대하는 사람을 따르는 사람은 없다. 그렇다면 '가볍게 대한다'는 것은 어떤 것일까? 예를 들어, 이름을 잊어버리거나 인사를 하지 않거나 상대방의 이야기는 듣지 않고 자기 이야기만 하는 경우를 들 수 있다.

데일 카네기의 《인간관계론》은 다른 사람을 움직이고 싶은데, 왠지 모르게 실패를 거듭하는 사람이라면 꼭 읽어야 할 책이다. 책에 나오는 다양한 사례를 통해 인간관계의 본질에 대해 파악할 수 있을 것이다. 카네기는 말한다.

상대방을 비난하는 대신 그를 이해하기 위해 노력해 보지 않겠는가? 왜 상대방이 그런 행동을 하게 되었는지 곰곰이 생각해 보지 않겠는가?

지금 눈앞에 펼쳐지고 있는 일이 일어나기까지 그 배경에 무엇이 있는지도 생각해야 한다는 뜻이다. 이렇게까지 상대방의 마음을 헤아렸을 때 비로소 상대방의 '자기중요감'이 충족된다.

상대방의 마음을 헤아리는 사람의 머릿속에는 '논쟁은 백해무익하다'라는 생각이 깔려 있다. 그렇다면 상대방에게 '당신이라는 존재를 제대로 인식하고 있다', '당신에게 관심이 있다'라는 사실을 알려야 한다. 사람은 상대방이 자신에게 관심을 보이지 않는다고 생각하면 절대 움직이지 않기 때문이다.

제아무리 링컨일지라도 미움을 사면 끝이다

《인간관계론》 곳곳에서는 미국 16대 대통령인 에이브러햄 링컨과 관련된 흥미로운 일화들이 소개된다.

젊은 시절의 링컨은 인격자라고 하기에는 부족한 사람이었다. 걸핏하면 정적政敵을 혼쭐내고, 신문에 익명으로 풍자 글을 게재하는가 하면, 결투를 벌였다. 책에서는 링컨의 어리석은 행동을 다수 소개하는데, 그 행동에 '이래도 되나?' 싶은 생각마저 든다. 상대방에게 격노해 쓴 편지는 결국 보내지 못하고 유품으로 남아 있다는 일화가 있을 정도다.

하지만 어느 순간부터 링컨은 '논쟁에 이겨도 상대방이 자신의 뜻대로 움직이지 않는다', '움직이기는커녕 반감만 사고, 절대 자신의 생각대로 되지 않는다'는 사실을 깨닫는다.

나 또한 비슷한 사례를 많이 봐 왔다. 특히 사장은 미움받는 순간 끝이다. 부하 직원은 미워하는 사장의 말에 절대 움직이지 않는다. 사장이 아무리 옳은 말을 해도 부하 직원은 '저 사람을 위해서는 아무 일도 하고 싶지 않아'라고 생각한다. 오히려 무슨 말을 하는지 도통 이해할 수는 없지만 호감이 가는 사장에게는 '저 사람 말이라면 한번 따라볼까?' 하고 생각한다. 그런 사장이 이끄는 조직은 실적도 올라간다.

다른 사람과 이야기할 때는 그 사람에 관한 일을 화제로 삼아라. 그러면 상대방은 몇 시간이고 당신의 이야기를 들어준다.

단, 여기서 데일 카네기가 지적하기도 하고, 링컨이 실천하기도 한 것은 남에게 잘 보이기 위해 아부하는 행동과는 다르다. 상대방을 진심으로 대하는, 즉 상대방의 '자기중요감'을 충족시켜주는 행동이어야 하는 것이다. 상대방의 이야기를 들어주는 것도 그의 자기중요감을 높여주는 방법 중 하나다.

이 책에 소개된 윌리엄 윈터William Winter라는 인물은 다음과 같이 말한다.

자기주장은 인간의 중요한 욕구 중 하나다.

자기중요감은 사람마다 느끼는 포인트가 다르다. 예를 들어 마키아벨리는 "상대방이 어떤 사람인지 알고 싶다면, 돈이나 권력, 술이나 여자로 시험해 보라"라고 말했다. 데일 카네기는 이렇게까지는 이야기하지 않는다. 하지만 자기중요감을 '욕망', '욕구'라는 말로 바꾸어 표현한다면, 그 핵심은 같을지도 모른다.

열쇠는 의외로 쉬운 곳에 있다

이 책에는 협상과 관련된 기술이나 마케팅에 관한 힌트도 가득 담겨 있다.

다른 사람을 움직이는 유일한 방법은 그가 원하는 바를 제공하는 것이다.

협상에 임한다면 상대가 어떤 감정을 느끼고, 무엇을 바라는 지를 우선적으로 생각하자. 문제 제기를 하는 사람을 응대할 때도 상대방의 말을 성심을 다해 듣고 자기중요감을 충족시켜 주면, 의외로 문제가 쉽게 해결되기도 한다. 마케팅에서도 마찬가지다. 고객이 무엇을 원하는지 모르는 사람이 좋은 광고 문안을 쓸 수 있을 리 만무하지 않은가!

22.

함께 말할 만한데도
함께 말하지 않으면
사람을 잃게 되고,
함께 말하지 않아야 하는데도
함께 말하면 말을 잃게 된다

《논어論語》

공자孔子

무려 2,000년도 더 된 중국 춘추시대의 사상가 공자와 그 제자들의 언행을 기록한 경전
이다. 《논어》는 중국 고전인 《대학大學》, 《중용中庸》, 《맹자孟子》와 함께 '사서四書'로 불린
다. 유교에서 말하는 인仁·의義·예禮·지智·신信의 오상五常에 대해 제자들과의 문답을
통해 풀어냈다. 공자는 철저한 현실주의자로, 그의 사상은 실천을 전제로 한 도덕이 그
핵심을 이룬다. 공자의 선견지명이 돋보이는 책으로, 읽을 때마다 새로운 깨달음을 얻을
수 있는 불멸의 고전이다.

공자가 진짜 가르친 것은 '스스로 생각하는 힘'

다음은 어디선가 한 번쯤 들어 본 문장들일 것이다.

옛것을 익히고, 그것을 미루어 새것을 안다溫故知新.

남과 사이좋게 지내지만 무턱대고 어울리지는 않는다和而不同.

**서른 살에는 인생관이 서고, 마흔 살에는 미혹하지 않고, 쉰 살
에는 하늘의 뜻을 안다**三十而立, 四十而不惑, 五十而知天命.

모두 《논어》에 나오는, 다름 아닌 공자가 한 말이다. 논어는
의외로 우리 일상 가까이에 있다. 관용구로 그냥 듣고 지나치기
에는 너무 아까운 말들이다. 그의 말들은 2,000년도 더 지난 오
늘날의 현대인들이 활용하기에도 충분한 가치가 있다. 3,000여
명의 제자들과 공자 사이에 오간 질문과 대답 속에서 우리 삶에
활용할 수 있는 지혜를 얻을 수 있다.

제자들에게 공자는 오늘날로 치자면 '최고의 멘토'였다고 할
수 있다. 만약 공자가 현대의 비즈니스맨으로 살아간다면, 아주
뛰어난 헤드헌터나 인사부장으로 적격이지 않을까?

공자는 그 많은 제자들을 거느리면서도 그들을 냉정하게 관
찰했다. 그가 주목한 것은 다름 아닌 제자들의 '욕심'이었다. 공

자는 욕심을 꿰뚫어 보는 천재였다. '스승님에게 칭찬받고 싶다', '스승님이 직접 자신이 가장 우수한 제자라고 칭찬해 주었으면 좋겠다'라는 제자들의 사심에서 나오는 질문의 의도를 냉철하고 정확하게 간파하곤 했다. 그리고 그런 제자들을 잘 타이르며 이끌었다.

한번은 이런 일이 있었다.

공자가 가장 아끼는 제자 중에 중궁이라는 이가 있었다. 그는 출신이 미천했고, 그의 아버지는 행동 가짐이 불량하고 온갖 악행을 일삼는 인물이었다. 그러나 중궁은 아버지의 영향을 받지 않고 올바르게 자랐다. 그런 그에게 사람들은 미천한 신분과 아버지의 악행을 문제 삼아 공격했다. 그러자 공자가 말했다.

"비록 얼룩소의 새끼일지라도 털이 붉고 뿔이 번듯하다면, 사람들이 재물로 쓰지 않으려 한들 산천의 신들이 그것을 내버려 두겠는가!"

'사람들은 중궁의 출신이 어떻다, 출생이 어떻다 말들이 많지만, 그의 재능이 뛰어나니 인재에 목마른 통치자라면 그를 그냥 두겠느냐?' 이것이 바로 공자가 중궁을 시샘하는 제자들에게 전하고 싶었던 말이었으리라.

'저 친구가 자네보다 더 똑똑하잖아'라며 제자들에게 직접 이야기할 수도 있었을 것이다. 하지만 공자는 굳이 그렇게 하지 않았다. 제자들 스스로 깨닫게 하기 위해서였다.

공자가 제자들을 냉철하게 대했던 이유는 '진정한 리더에 대한 굶주림' 때문이 아니었을까? 권력자들의 자질에 실망할 때마다 뛰어난 제자들을 키워 세상에 내보내야겠다는 생각이 더 강해졌을지도 모른다.

이처럼 공자는 정말 중요한 일을 굳이 말로 표현하지 않았다. 그는 《논어》의 주제이기도 한 유교의 오상五常 중 '인仁'이 무엇이냐고 묻는 이에게 "사람을 사랑하는 일"이라고 답했다. '지智'가 무엇이냐고 묻는 이에게는 "사람을 아는 일"이라고 답했다. 스승의 대답에 제자들은 어안이 벙벙했지만, 스승의 말을 곱씹으며 자신의 머리로 생각할 수밖에 없었다. 그야말로 제자들이 스스로 터득하며 배우게 한 것이다.

《논어》의 진짜 매력은 공자의 철학을 접할 수 있다는 것뿐만 아니라 이처럼 '스스로 생각하는' 것이 무엇인지를 가르친다는 점에 있지 않을까 싶다.

사장은 욕심을 어떻게 다스려야 할까?

공자에 따르면 군자란 '덕德'을 얻기 위해 노력하는 사람이라고 한다. 그리고 이 덕과 인이 합쳐진 '인덕'은 공자가 목표로 한 최고의 덕목이자, 인간의 자연스러운 애정에 기초한 진정한 덕이라 할 수 있다.

오로지 인을 지닌 사람만이 (사심 없이 진심으로) 다른 사람을 사랑할 수도, 미워할 수도 있다.

조화로운 감정을 지니지 못한 사람은 자기 자신을 평온하게 할 수도, 다른 사람과 조화롭게 지낼 수도 없다. 만약 누군가 주변과 조화를 이루지 못하는 사람이 있다면, 이는 그가 군자의 삶을 살고 있지 않다는 말일 것이다.

욕심에 관한 명언은 많다. 그중 '대욕무욕大欲無欲'이라는 말이 있다. "세상을 구하고자 하는 큰 욕심은 이타심과 같다"라는 말이다. 오늘날 큰일을 하고자 하는 사람, 사장을 비롯한 리더에게도 귀감이 될 만한 말이다. 즉, 큰 인물이나 리더는 사심을 버려야 한다. 그들은 더 좋은 세상을 만들기 위해 자신의 힘을 어떻게 사용할지를 먼저 생각하는 사람이어야 한다.

상황을 뒤집을 수 있을 때를 포착하는 지혜

우리는 어떤 때 함께 말해야 할까? 당신 마음속에는 이에 대한 기준이 마련되어 있는가?

함께 말할 만한데도 함께 말하지 않으면 사람을 잃게 되고, 함께 말하지 않아야 하는데도 함께 말하면 말을 잃게 된다.

함께 말하는 것은 '상황을 뒤집을 수 있을 때' 해야 한다. 여기서 중요한 것은 그 '때'를 잘 읽어야 한다는 것이다. 역사적으로는 이렇게 때를 잘 읽느냐, 읽지 못하느냐에 따라 운명을 가른 전투도 많았다. 이는 현대에도 마찬가지다.

이처럼 때를 잘 읽을 수 있으려면 자기 자신이 아니라 상대방을 잘 관찰해야 한다.

23.

리더의 가장 중요한 업무는
리더를 만들어 내는 일이다

《경영의 미래The Future of Management》

게리 해멀Gary Hamel, 빌 브린Bill Breen

《월스트리트 저널》이 '21세기 최고의 경영 구루'로 빌 게이츠Bill Gates를 제치고 선택한 게리 해멀이 공동 집필한 책이다. 그가 쓴 《미래를 위한 경쟁Competing for the Future》, 《꿀벌과 게릴라Leading the Revolution》는 전 세계적인 베스트셀러이기도 하다. 혁신에는 '업무 혁신', '제품 혁신', '전략 혁신', '경영관리 혁신'이 있다. 이 책은 그중에서도 경영관리 혁신에 초점을 맞춘다. 적응력과 혁신은 경쟁에 이기기 위한 필수 조건이고, 그중 경영관리 혁신은 극적이고 장기적으로 경쟁에서 우위에 서게 하는 혁신이라고 주장한다.

전략의 라이프사이클이 짧아졌다. 무엇부터 손대야 할까?

업무 혁신과 경영관리 혁신은 다르다. 일단 이 책에서 말하는 경영관리 혁신의 정의에 대해 확실하게 알아 두도록 하자.

업무 혁신이 기업의 업무 프로세스(조달, 제조, 홍보, 주문 이행, 고객 서비스 등)에 초점을 맞춘다면, 경영관리 혁신은 기업의 경영관리 프로세스(경영관리 업무가 하루하루 어떻게 돌아가는지를 결정짓는 규칙이나 순서)를 그 대상으로 한다.

저자들은 그 구체적인 내용으로 전략적 계획, 예산 배분, 프로젝트 관리, 채용 및 승진, 훈련 및 능력 개발, 사내 커뮤니케이션, 지식 관리, 정기적인 사업 평가, 사원 평가 및 보상 결정 등을 거론하고 있다.

경영관리 혁신을 이루기 위해 경영진은 다양한 전략 포트폴리오를 구축해야 한다. 미래에 경쟁 우위에 설 사업의 씨앗을 실현하기 어렵다는 이유로 푸대접하는 것이 아니라, 대담하게 전략안에 포함해야 하는 것이다.

혁명적인 발전 없이는 다음 S곡선으로 옮겨갈 수 없다.

모든 사원의 일상에 혁신을 도입하라

저자들은 경영관리 혁신을 실현하는 방법으로 다음의 두 가지를 추천한다.

근본적인 혁신이 자동으로 이뤄지게 만든다.

위기가 아니더라도 지속적으로 자기 혁신을 할 수 있는 조직을 구축한다.

이 부분을 읽고 나는 3M을 떠올렸다. '포스트잇Post-it'으로 유명한 이 회사는 경영관리 혁신을 실천하는 기업 중 하나다. '보통 사람들을 자극해 특별한 업적을 이룰 수 있도록' 환경을 조성하고 있으며, 혁신성이 넘쳐흐른다. 그리고 이 혁신성은 다음의 두 가지를 통해 알 수 있다.

하나는 '15퍼센트의 규칙'이다. 이는 '회사에 이익이 된다고 믿을 수 있는 혁신적인 아이디어에는 근무 시간의 15퍼센트까지 할애해도 좋다'라는 규칙이다.

또 하나는 '최근 5년 동안 발매한 신제품으로 매출의 25퍼센트를 확보한다'라는 기업 목표다. 여기에는 '과거의 자산에 의지해 살아가지 않겠다'라는 3M의 결의가 담겨 있다. 다시 말해 3M은 기업의 새로운 전략 포트폴리오에 들어갈 사업을 일상적으로 만들어 내야 하는 환경에 놓여 있다고 할 수 있다.

그렇다면 당신의 회사는 어떤가? 사원의 창조성에 불을 지피고 새로운 전략 포트폴리오에 들어갈 사업을 계속 만들어 낼 수 있는 환경인가?

경영관리 프로세스는 경영관리의 원칙을 일상적으로 실현할 수 있게 하는 '기어'다.

현장 중심의 경영관리 혁신을 실현하기 위한 4가지 조건

혁신 문화를 정착시키고 싶다면 '무엇을'과 '어떻게'를 구분하도록 하자. 회사의 직원들이 새로운 씨앗을 뿌릴 수 있게 하고, 그것들이 잘 자라도록 돕고 싶다면, 이 두 가지가 같은 것이라고 여겨서는 안 된다. 그리고 사원들에게 생각할 시간을 주고 새로운 방법을 찾아낼 때까지 기다려야 한다. 혁신의 키워드는 '끈기'이기 때문이다.

이 책에는 하향식top down이 아니라 현장 중심의 경영관리 혁신을 실현하기 위한 네 가지 조건이 제시되어 있다.

첫째, 현장 직원이 결과에 책임지는 구조다.

둘째, 사원들이 실시간 실적 데이터를 확보할 수 있다.

셋째, 실적에 영향을 미치는 주요 변수에 대한 결정권이 사원에게 있다.

넷째, 결과, 보상, 평가 사이에 밀접한 관계가 있다.

사장인 당신은 리더로서 완전히 새로운 경영관리 혁신을 실현하기 위해 환경을 어떻게 정비했는가? 혁신의 주인공은 현장에 있는 사원들이다. 아직도 규율이나 질서에 집착하고 있다면, 구글의 전 CEO 에릭 슈미트**Eric Schmidt**가 한 이 말을 대신 전해 주고 싶다.

"완벽한 질서를 바란다면 해병대에 들어가면 된다."

리더의 가장 중요한 업무는 리더를 만들어 내는 일이다.

미미한 성장이나 변화를 주목하라

혁신에는 끈기가 필요하다. 빛이 보이지 않을 때도 현장 직원들이 지치지 않도록 아무리 미미한 성장이나 변화라도 놓치지 말고 제대로 파악해 두어야 한다.

혁신 과정(투입-과정-성과)을 추적조사하기 위한 측정 기준을 개발한다.

그러려면 그날그날의 활동 상황을 규칙적으로 관측·비교할 필요가 있다. 이렇게 추적조사할 수 있는 구조가 아니라면 그 조직의 경험이나 사고, 비전은 언제까지고 제자리에 머물 것이다.

24.

장군이 유능하고
주군이 간섭하지 않으면
승리한다

《손자병법孫子兵法**》**

손자孫子

총 13편으로 구성된 중국 최고의 병법서다. 지금으로부터 약 2,500년 전인 춘추전국시대 오吳나라의 전략가로 활약했던 손무孫武가 정리한 책으로, 전쟁에서 반드시 승리하는 원리 원칙을 설명하고 있다. 우리에게는 '손자'라는 이름으로 더 잘 알려져 있는데, 이는 손무의 경칭敬稱이다. 오늘날 전쟁 상황에서뿐만 아니라 전략 분야에 종사하는 많은 리더들 사이에서 꾸준히 읽히고 있는 이 책은 동양을 넘어 미국, 유럽 등에서도 좋은 평가를 받고 있다.

상대를 알고 자신을 알면 백번 싸워도 위태롭지 않다

손자의 말 중에서도 가장 유명한 말은 "지피지기, 백전불태知彼知
己百戰不殆"가 아닐까? "상대를 알고 자신을 알면 백번 싸워도 위태
롭지 않다"라는 이 말은《손자병법》제3편〈모공謀攻〉에 등장하는
말이다.

　그렇다면 사전에 무엇으로 승패를 판단할 수 있을까? 손자는
승패를 판단하는 방법에 대해 다음과 같이 이야기한다.

첫째, 싸워도 될 때와 싸워서는 안 될 때를 구분할 수 있는 자가
승리한다. 둘째, 큰 무리일 때와 작은 무리일 때의 활용 방법을
알아두면 승리한다. 셋째, 윗사람과 아랫사람이 마음을 합치면
승리한다. 넷째, 잘 준비해 방심하고 있는 적을 치면 승리한다.
다섯째, 장군이 유능하고 주군이 간섭하지 않으면 승리한다.

　《손자병법》은 그뿐 아니라 어떻게 하면 전쟁에서 이길 수 있
는지에 대해 실로 다양한 관점에서 접근하며 해설한다. 예를 들
어 제10편〈지형地形〉에는 주위 지형에 따라 어떻게 전술을 적용
해야 하는지 등 세부적인 기술이 나온다.

　'미리 어떤 진지를 확보하고, 어디부터 공격해야 할까?', '진지
는 산에 설치해야 할까? 늪지대에 설치해야 할까?' 오늘날의 지
정학 개념을 2,500년 전에 이미 도입했던 것이다.

또 제2편 〈작전作戰〉에서는 적군이 어느 정도의 병력을 가지고 있는지, 어떻게 배치되어 있는지 등의 상황을 파악한 후 공격해야 한다고 하며, 그 전략 등의 내용에 대해서도 자세하게 기술하고 있다.

제1편 〈시계始計〉에 나오는 '오사칠계五事七計'는 이렇듯 다양한 관점 중에서도 가장 유명한데, 이 중 '오사五事'에 대해 알아보자.

오사란, 첫째는 도道요, 둘째는 하늘이요, 셋째는 땅이요, 넷째는 장군이요, 다섯째는 법이다.

간단하게 말하면 전쟁을 치를지 말지 여부를 결정하는 기준으로 '도', 즉 '대의명분'이 있는지, '하늘의 때'와 '땅의 이점'이 있는지, '지휘하는 장군'이 그럴 만한 그릇이 되는지, '통제 체제'가 질서 있게 잡혀 있는지를 생각하라는 말이다. 현대의 전쟁에 적용해도 손색이 없는 내용이라 할 수 있다.

《손자병법》vs.《전쟁론》

《손자병법》은 종종 서양의 대표적인 군사 사상가 카를 폰 클라우제비츠Carl von Clausewitz의 《전쟁론Vom Kriege》과 비교되곤 한다. 그렇다면 실제로는 어떨까?

'약자의 전략'이라는 측면에서 보면《손자병법》이《전쟁론》보다 더 철저한 듯하다. 클라우제비츠의《전쟁론》은 비교적 큰 조직이 싸우는 방법을 소개한다. 반면《손자병법》은 게릴라전 관점에서 이기는 방법을 소개한다. 현대의 경영론에 비유하자면 클라우제비츠의《전쟁론》은 MBA 경영전략에 가깝고,《손자병법》은 란체스터 전략Lanchester's strategy(영국의 항공공학 엔지니어인 F. W. 란체스터가 고안한 역학 관계의 법칙을 응용한 기업 전략)처럼 소매업 및 유통업 등 중소기업의 처절한 생존 이론에 가깝다고 할 수 있을 것이다.

　《손자병법》에서 말하는 최고의 가치는 '패배하지 않는 것'이다. 책이 쓰인 당시에는 작은 패배가 국가의 멸망으로 이어질 수도 있는 시대였기 때문이리라.

　또《전쟁론》은 18, 19세기에 걸쳐 활약한 프로이센의 군인 클라우제비츠가 쓴 책이다. 반면《손자병법》은 지금으로부터 무려 2,500년 전에 쓰인 책이다. 저자의 선견지명이 돋보인다.

부하가 따르게 만드는 5가지 조건

《손자병법》에서는 부하가 따르는 장군의 덕목으로 지智, 신信, 인仁, 용勇, 엄嚴의 다섯 가지를 든다.

첫째, '지'는 '지혜'를 뜻한다. 상황을 읽기 위해 앞을 내다보는 지혜를 습득하라는 말이다. 언제, 어느 곳을 공격할지는 리더인 장군이 결정할 일이다.

둘째, '신'은 '작은 약속도 지켜야 한다'는 것을 의미한다.

셋째, '인'은 '부하를 배려할 줄 아는가'를 뜻한다.

넷째, '용'은 '용기'를 뜻한다. 여기에는 자신이 결정한 일을 끝까지 해내는 결단력도 포함된다.

다섯째, '엄'은 '엄한 태도로 수하의 부하를 대할 수 있는가'를 뜻한다.

리더라면 이 다섯 가지 조건 중 마지막 '엄'에 주목하도록 하자. 전쟁터에서는 기강이 바로 서지 않으면 곧바로 죽음으로 내몰리게 되기 때문이다. 현대의 조직에서도 마찬가지다. 정말 부하에게 애정이 있는 사장이라면 엄한 말도 할 수 있어야 한다.

현대의 경영자들이 《손자병법》을 읽는 이유

《손자병법》〈지형〉에는 다음과 같은 말이 나온다.

하늘을 알고 땅을 알면 온전하게 승리할 수 있다知天知地, 勝乃可全.

전쟁터에서는 어떻게 진을 치고, 어떻게 공격 진형을 갖추느냐가 운명을 가른다. 이는 마치 오늘날 기업의 성과가 거시환경 분석에 의해 달라지는 것과 비슷하다고 할 수 있을 것이다. '판매망을 어떻게 구축하고, 그곳에 얼마만큼의 자원을 투입할 것인가?' 하는 전략 말이다.

참고로 유럽과 미국의 리더 중에도 《손자병법》의 팬이 많다. 마이크로소프트의 설립자인 빌 게이츠도 《손자병법》을 즐겨 읽는다고 한다.

25.

다른 사람을 가르쳐
선을 행하게 할 때는
그 사람이 이를
받아들일 수 있는지를
생각해야 한다

《채근담菜根譚**》**

홍자성洪自誠

중국 명明나라 말기의 문인 홍자성이 쓴 사상서다. 홍자성은 베일에 가려져 있는 인물로,
관료로 일하다가 은퇴한 것으로 추정되며, 이 책은 그의 나이 50세를 전후해 쓴 것으로
짐작된다. 당시는 정치가나 관료가 권력투쟁에 휘말리기 쉬웠던 시대로, '채근菜根'이라는
말은 "사람이 언제까지나 나무 잎사귀나 뿌리를 씹어 먹을 수 있다면, 백 가지 일을 가히
이룰 수 있으리라"라는 고사故事에서 유래했다. 그 어느 고전보다 쉽고 단순하게 인생의
참뜻과 지혜로운 삶의 자세를 알려 준다.

한쪽으로 치우치는 삶을 경계하라

《채근담》에서 홍자성은 양극단의 세계를 보여주면서 한쪽으로 지나치게 치우쳐서는 안 된다고 말한다. 구체적으로는 다음과 같다.

마음대로 되지 않는다고 너무 신경 쓰지 마라. 마음대로 된다고 무턱대고 기뻐하지 마라. 언제까지고 평온무사하리라 기대하지 마라. 처음부터 어려울 것이라는 생각에 기죽지 마라.

다른 사람을 가르쳐 선을 행하게 할 때는 그 사람이 이를 받아들일 수 있는지를 생각해야 한다.

"지나친 것은 되레 모자라는 것만 못하다"라는 공자의 말 그대로의 세계가 연상된다. 저자가 살았던 중국 명나라 말기는 관료들의 부패가 횡행했던 시대다. 정치의 어두운 부분까지 직접 보아 온 저자의 말이기에 양극단에 대한 그의 경고가 더 가슴에 와닿는다.

'본심'이란 무엇일까?

더불어 저자는 상당히 많은 지면을 할애해 '본심本心의 고삐를 쥐는 일'의 중요성에 대해 이야기한다. '정욕情欲(마음속에 일어나는 여러 가지 욕구)이나 물욕物欲은 모두 본심을 조종하는 장치'라고도 말한다.

그렇다면 '본심'이란 무엇일까? 본심은 어떤 때 나타나고 어떤 때 사라지는 걸까? 구체적으로 살펴보자.

고요한 가운데서의 고요함은 참다운 고요함이 아니다. 어지러운 가운데서 고요함을 지녀야만 비로소 심성의 참경지에 이르렀다고 할 것이다.

악을 굴복시키고 싶다면 일단 자기 마음부터 이기도록 하라. 자기 마음에 서려 있는 번뇌나 망상을 퇴치하면 본심이 확실해지고, 모든 악으로부터 벗어나게 된다.

그렇다고는 하지만 하루에도 수많은 것들로부터 유혹을 느끼는 우리가 어떻게 하면 홍자성이 말하는 '무념무상의 경지'에 들 수 있을까?

홍자성은 "담담하게 해 나가면 된다"라고 이야기한다. 다시 말해 이미 지나간 일을 떠올리며 끙끙 앓아서도, 미래를 생각하며 벌벌 떨어서도 안 된다는 말이다. 눈앞에 있는 일을 하나하나 담담하게 처리해 가는 것이 곧 무념무상의 경지에 도달하는 길이라는 뜻이다.

인격이란, 그저 자연스러움 그 자체일 뿐!
이 책은 인격에 관해 강조하면서 끊임없이 호되게 훈계한다. 그렇다면 홍자성은 어떤 인물을 '인격자'라고 봤을까?

청렴하면서도 도량이 넓고, 인자하면서도 결단력이 있으며, 총명하면서도 지나치게 살피지 않고, 곧으면서도 너무 따지지 아니한다면, (…) 이것이야말로 아름다운 덕이다.

인격 또한 최고의 경지에 도달하면 특별히 다르지 않다. 그저 자연스러움 그 자체일 뿐이다.

　반면 홍자성은 어떤 사람을 천벌을 받아야 할 '죄인'이라고 불렀을까? 이 부분이 정말 흥미롭다. 저자는 하늘이 부여한 사명을 다하지 않는 사람을 죄인이라고 부른다. 하늘이 많은 사람들을 구하라고 그에게 재능을 주었는데, 그 지혜를 활용하기는커녕 이를 과시하고 다른 사람의 흠을 들추는 데 이용하는 사람은 죄인이라는 것이다. 하늘로부터 부富를 하사받은 사람도 그 기준에서 벗어나기 힘들다. 수많은 가난한 이들을 구하라고 부를 주

었는데, 하늘의 의도와 다르게 사용하는 사람 또한 죄인이라고
한다.

홍자성의 지적대로라면 죄인이 아니라고 당당하게 이야기할
수 있는 사람은 얼마나 될까?

세속에 현혹될 것 같을 때는

정욕과 물욕을 향한 집착은 본심을 보지 못하게 할 뿐 아니라 세
속에 찌들게 만든다. 부디 방심하지 말 것이며, 다음의 말을 마음
속에 새기도록 하자.

권세 있는 가문과 사리사욕으로 가득한 자들의 소굴에는 아예
발을 들여놓지 말라. 한번 발을 들여놓으면 평생 씻지 못할 오
점을 남기게 된다.

'그 사람에게 힘이 되고 싶다'고 마음먹게 하는 한 가지

누군가를 위해 스스로 움직이게 하는 가장 강력한 무기 한 가지
를 들자면, 그것은 바로 상대방의 인격일 것이다.

인격은 재능의 주인, 재능은 인격의 머슴이다.

몇 년 전 인격적으로 매우 훌륭한 경영자를 컨설팅한 적이 있다. 그는 스스로 "나는 혼자서는 아무것도 하지 못하는 사장이에요"라고 말하는 사람이었다.

　그의 말처럼 그 회사의 이인자는 꽤 똑똑한 사람이었고, 사원 한 사람 한 사람이 책임감을 가지고 각자의 업무를 처리하는 모습이 매우 인상적인 회사였다. 너무 궁금했던 나는 젊은 사원들에게 어디서 그런 의욕이 생기느냐고 물었다. 그랬더니 거의 대부분의 사원이 "사장님에게 힘이 되고 싶은 마음에 최선을 다하고 있다"라고 대답했다. 회사 구성원들의 모든 재능을 하나로 모을 수 있는 것은 다름 아닌 '사장의 인격'이라는 사실을 깨달은 순간이었다.

26.

사람은 사소한 모욕을 당하면 보복하려 하지만, 엄청난 모욕을 당하면 감히 보복할 엄두를 내지 못한다

《군주론Il Principe》

니콜로 마키아벨리 Niccolò Machiavelli

르네상스 시기 피렌체의 정치사상가였던 니콜로 마키아벨리가 쓴 군주의 통치술에 관한 책이다. 마키아벨리는 '권모술수에 능한 극악무도한 사상가'로, 《군주론》은 '인심 장악술을 다룬 악서'로 불리곤 한다. 이 책은 정변으로 추방당한 저자가 실의에 빠져 약 5개월 만에 완성한 책으로, 정치적 암살, 음모, 배신이 난무하던 시대를 살았던 마키아벨리의 사상은 시대를 초월하여 위정자들에게 큰 충격을 안겨 준다.

사랑 vs. 두려움, 어느 쪽이 통제하기 더 쉬울까?

마키아벨리는 사랑받기보다 두려움의 대상이 되는 편이 훨씬 안전하다고 주장한다. 그는 인간을 다음과 같이 정의한다.

"애당초 인간은 은혜를 모르고, 변덕스러우며, 내숭 떠는 위선자다. 자신에게 닥치는 위험을 떨쳐 버리려 하고, 사사로운 이익에 눈이 먼 존재다."

물론 이론異論도, 반론도 있을 수 있으리라.

마키아벨리의 주장을 간단하게 정리하면 '군주는 사랑받는 존재보다 두려움의 대상이 되는 편이 안전하다', '민중을 내 편으로 만들어야 한다', '힘을 지녀야 한다', '때로는 억누를 힘도 필요하다'는 것이다. 단, 원한을 사서는 안 된다. 원한을 사면 지배는 커녕 영원한 영광을 손에 넣을 수 없기 때문이다.

민중은 자기들 마음대로 군주를 사랑한다. 하지만 민중이 군주를 두려워한다면 이는 군주가 일부러 그렇게 만든 것이다. 따라서 현명한 군주는 애당초 자신의 의지에 따라 움직여야 하고, 다른 사람의 평판 따위에 의존해서는 안 된다.

이는 사랑은 통제할 수 없지만, 공포는 통제할 수 있다는 말로, 다시 말해 통제할 수 있는 일에 주력하라는 뜻이다.

앞서가는 사장의《군주론》활용법

비즈니스에 종사하는 사람 중 이 책이 꼭 필요한 사람이 있다면 어떤 사람일까? 아마도 막 인수합병을 마친 리더나 조직에 새로 부임한 리더가 아닐까?

조직 문화도 다르고 지금까지 다뤄 온 제품도 다른 상황이라면, 새로운 리더는 어떻게 이런 이질적인 집단을 하나로 통합해 이끌어갈 수 있을까?

인수당한 기업 입장에서는 외부에서 온 새로운 사람을 그 즉시 자신의 리더로 인정하기가 쉽지 않을 것이다. 이럴 때 마키아벨리가 주장하는 바가 도움이 될 수 있을 것이다. '군주'를 '사장'으로, '국가'를 '회사'로 바꾸고, '민중'을 '사원'으로, '귀족'을 '기업의 이해관계자'로 바꾸어 보면 꽤나 흥미로운 사실을 발견할 수 있다.

민중을 적으로 돌렸을 때 군주에게 발생할 수 있는 최악의 사태는 그들에게 버림받는 것이다.

귀족은 기회를 엿보는 데 민감하고 능하기 때문에 항상 자기 자신의 안위를 위해 앞으로 치고 나가 승산 있는 쪽에 붙으려고 한다.

군주는 싸움에 이기기를, 그리고 나라를 한결같이 유지할 수 있기를 바란다.

유능한 리더를 알아보는 법

새로 부임한 리더가 어떤 사람인지 판단하려면 어떻게 해야 할까? 마키아벨리는 다음과 같이 말한다.

"군주가 머리가 좋은지 나쁜지를 알려면 먼저 그 측근을 보면 된다. 측근이 유능하고 성실하면 그 군주 또한 총명하다고 판단해도 틀림없다."

시사하는 바가 큰 말이다. 마키아벨리는 이렇게도 주장한다.

"그러나 만약 측근이 유능하지 않다면, 그 군주에 대해 좋은 평가를 내려서는 안 된다. 그 군주는 이미 인재 선발에서 실수를 범한 사람이기 때문이다."

만약 어떤 인물에 대해 궁금하다면, 부디 그 측근에게로 눈을 돌려 보자. 그가 사람을 제대로 가려 쓰는 데 성공했는지의 여부로 그 인물이 유능한지, 아닌지를 가늠할 수 있다.

공포심으로는 더 이상 사람을 움직이게 할 수 없다!

이 책은 오랫동안 많은 이들에게 읽혀 왔지만, 그 내용에 위화감을 느끼는 사람도 많다. 그런데 '악서'로 취급받기도 하는 이 책이 오랜 세월 많은 사람들에게 읽히는 고전이 될 수 있었던 이유는 무엇일까? 이것은 나만의 의문일까? 이 책이 시사하는 바는 무엇일까?

이에 대한 내 결론은 이렇다. 사람은 항상 변화를 추구하는 존재다. 변화를 통해 성장하기 때문에 변화와 진화를 환영하는 것이다. 사람과 마찬가지로 조직 또한 혁신이 없으면 내일이 없다고 해도 과언이 아니다. 그런데 마키아벨리즘Machiavellism은 이러한 세계에 정면으로 맞선다. 《군주론》이 전하고자 하는 주된 메시지는 '변혁 저지'다. 이 책은 배신이나 음모, 암살이 만연한 세상에서 어떻게 자신의 지위를 계속 유지할 수 있느냐에 대해 이야기한다. 마키아벨리가 살았던 시대에는 '변혁은 곧 화근'이라고 받아들여지지 않았을까? 그래서인지 이 책에서는 군주 자신의 안전을 위해 민중으로부터 생각하는 머리를 빼앗으려는 의도가 엿보인다.

당연히 현대의 가치관에 부합한다고 할 수 없다. 오늘날 공포심을 무기로 다른 사람을 움직이려는 리더가 있다면, 이는 그의 마음속에 공포심이 소용돌이치고 있기 때문일 것이다.

그렇다면 어떻게 하면 상대방이 영향력을 행사하지 못하게 할 수 있을까?

민중이란 머리를 쓰다듬거나 없애 버리거나, 둘 중 하나를 택해야 하는 존재다. 왜냐하면 사람은 사소한 모욕을 당하면 보복하려 하지만, 엄청난 모욕을 당하면 감히 보복할 엄두를 내지 못하기 때문이다.

이 책을 언급할 때 자주 인용되곤 하는 문장이다. 이 책에는 이런 영향력에 대한 마키아벨리의 생각이 문장 곳곳에서 풍겨져 나온다. 현대로 이야기하자면 마키아벨리는 상사가 권력을 잃고 실각한 후 반란 음모에 가담한 혐의로 수감된 인물이라 할 수 있다. 그는 영향력이 한곳에 집중되었을 때 어떤 사태가 벌어지는지를 직접 경험해 알고 있었기에 이런 책을 쓸 수 있었던 게 아닐까?

27.

위대한 리더는
자존심의 대상을
자기 자신이 아닌
위대한 기업을 만든다는
크나큰 목표에 둔다

《좋은 기업을 넘어 위대한 기업으로Good to Great》

짐 콜린스Jim Collins

짐 콜린스는 세계에서 가장 영향력 있는 경영 석학 중 한 사람이다. '경영의 바이블'로 불리는 이 책에서 저자는 어떤 기준으로 비약적인 성장을 이룬 기업을 선별했을까? 비약적으로 성장한 기업과 그렇지 못한 기업에는 어떤 차이가 있을까? 저자는 핵심 인물이라 할 수 있는 5단계의 리더에게는 겸허하지만 의지가 강하고, 조심스럽지만 대담하다는 양면성이 있다고 말한다. 또한 괜찮은 기업은 많지만 위대한 기업은 많지 않다며, 위대한 기업이 되려면 어떻게 해야 하는지를 제시한다.

인재부터 고르고 목표를 정한다

기업을 비약적으로 발전시키는 리더에게는 도대체 어떤 특징이 있을까? '세상에 도움이 되는 멋진 아이디어가 번뜩이는 사람이겠지?'라고 생각했다면 틀렸다.

사실은 그렇지 않다. 일단 적절한 사람은 버스에 태우고 부적절한 사람은 버스에서 내리게 한다. 그리고 적절한 사람이 자신에게 맞는 자리에 앉은 후에 어디로 향해 갈지를 결정한다.

지금은 변혁의 시대다. 달리기 시작하자마자 목적지를 변경해야 하는 경우도 있다. 이때 버스에 적절한 사람이 타고 있지 않으면 문제가 발생한다. "목적지가 다르잖아!" 이런 말을 하는 경우도 있을 수 있다.

만약 그 버스에 적절한 사람만 탔다면, 이런 일은 발생하지 않는다. 멋진 구성원들과 새로운 세계를 만들어 가는 것만큼 즐거운 일은 없을 것이기 때문이다.

당신은 지금 어떤 버스에 타고 있는가? 그 버스에 동승한 사람들의 면면은 어떤가? 당신 옆에 있는 사람은 당신이 존경하고 함께 새로운 세계를 만들어 가고 싶은 사람인가?

5단계 리더의 조건

이 책에서 짐 콜린스가 궁극적으로 주장하는 것은 바로 '5단계 리더로서의 요소를 겸비하라'는 것이다. 그렇다면 저자가 정의하는 1단계부터 5단계까지의 리더에 대해 먼저 살펴보자.

> 1단계: 유능한 개인
> 2단계: 조직에 기여하는 개인
> 3단계: 유능한 관리자
> 4단계: 유능한 경영자
> 5단계: 5단계의 경영자

1단계는 재능, 지식, 기술, 근면함을 바탕으로 생산적으로 일하는 사람을, 2단계는 조직의 목표를 달성하기 위해 개인의 능력을 다 바치고 조직 안에서 다른 사람들과 잘 협력하는 사람을 말한다.

3단계는 인재와 자원을 조직화하고, 효율적이고 효과적으로 결정된 목표를 달성하고자 하는 사람을 말하며, 4단계는 명확하고 설득력 있는 비전을 지지하고, 그 비전을 실현하기 위한 노력을 이끌어내 지금까지보다 높은 수준의 실적을 달성할 수 있도록 조직에 자극을 주는 사람을 말한다.

그리고 5단계의 리더는 개인으로서의 겸허함과 직업인으로서의 강한 의지라는 상반된 성격을 겸비하고, 지속적으로 큰 성과를 만들어 내는 사람이다.

짐 콜린스는 1단계부터 5단계까지를 순서대로 획득해 가야한다고는 말하지 않는다. 다만, 5단계 리더에게는 이 모든 것이 겸비되어 있다고 주장한다.

위대한 리더는 자존심의 대상을 자기 자신이 아닌 위대한 기업을 만든다는 크나큰 목표에 둔다. 그렇다고 자아나 욕심이 없는 것은 아니다. 아니, 오히려 믿기 어려울 정도로 크나큰 야심도 품고 있다. 하지만 그 야심은 자기 자신이 아니라 조직에로 향하고 있다.

5단계 리더는 모순 속에서 살아가는 존재다. 단, 갈피를 잃은 모순이 아니다. 그들에게는 모순 속에서도 살아갈 수 있는 강인함이 있다.

당신은 과연 어떤 리더인가? 당신 주위에 있는 리더는 5단계 리더의 삶을 살고 있는가?

개인적인 욕심이 아니라, 조직에 대한 야심을 키우라

비약하는 기업에 필요한 것은 리더의 카리스마가 아니다. 카리스마에 의한, 카리스마를 위한 리더십은 그것이 무너지면 붕괴되고 만다.

5단계의 리더에게는 개인적인 욕심은 없지만, 조직에 대한 야심은 있다. 이것이야말로 규율과 이해, 그리고 진실에 귀 기울일 수 있는 기업 문화와 조직 문화를 구축한다. 카리스마 리더는 허세로 움직이지만, 5단계의 리더는 열정으로 움직인다. 5단계의 리더는 성공을 거머쥐었을 때 그 요인을 찾아낸다. 반면 결과가 나쁠 때는 자기 자신에게 책임이 있다고 생각한다.

실패했을 때 리더는 책임을 다른 데서 찾으면 안 된다. 5단계의 리더와 평범한 리더를 구분 짓는 데 이만 한 기준은 없다.

5단계의 경영진들은 권위를 맹종하지 않는다. 한 개인으로 봤을 때도 그들은 강한 지도력을 갖추고 있고, 의욕과 능력 또한 출중하다. 따라서 그들이 담당하는 분야를 세계 최고의 사업으로 키워낼 수 있다.

누군가를 제대로 관리해야겠다는 생각이 들었다면, 이는 채용에서 실수를 저질렀다는 것이다. 최고의 인재는 관리를 필요로 하지 않는다.

새로운 세계를 향해 달려가는 버스에 올라탄 인재라면 자신의 역할이 무엇인지 이해하고 있을 것이다. 최고의 인재에게는 개인으로서의 욕심이 아니라, 세계를 향한 야심이 있다. 최고의 인재는 누군가를 섬기지 않는다. 굳이 섬긴다면 천명天命을 섬긴다. 그런 사람에게는 관리 따위는 필요치 않을 것이다.

28.

힘과 우월성을 추구하는
사람에게는
사실 강한 열등감이 있다

《인간 이해Menschenkenntnis》

알프레트 아들러Alfred Adler

개인심리학의 창시자인 아들러가 비엔나의 한 시민대학에서 강의한 내용을 바탕으로 한 책으로, 개인심리학을 다양한 사례와 함께 구체적으로 설명한다. 아들러의 개인심리학은 프로이트의 심층심리학, 카를 융Carl G. Jung의 분석심리학과 함께 현대 심리학의 기초가 되고 있다. 이 책의 앞부분에서는 정신생활의 사회적 본질, 환경의 영향을 받는 유아기의 특성, 남성과 여성의 관계 등 인류학적 질문을 다룬다. 뒷부분에서는 인간 성격의 본질과 기원에 초점을 맞추고 다양한 성격 특성을 분석한다. 이를 통해 인간에 대한 이해와 공동체적 관계 맺음의 중요성에 대해 생각해 볼 수 있다.

성격이란 무엇일까?

우리는 종종 주위에 대하기 어려운 사람이 있을 때 '저 사람은 원래 성격이 저러니 어쩔 수 없어' 하고 상대방의 성격을 이유로 자기 자신을 타이르며, 그 상황을 이해하려고 한다.

그렇다면 도대체 성격이란 무엇일까? 아들러는 다음과 같이 정의한다.

- 주위 세계나 인간을 어떻게 바라보는가?
- 위의 질문을 바탕으로 인생의 과제에 어떻게 대처하는가?

아들러는 이 대처 방식이야말로 성격의 내적 가치라고 이야기한다. '세계를 긍정적으로 바라보는가, 부정적으로 바라보는가?', '과제를 앞두고 있을 때 앞으로 나아갈 수 있는가, 멈춰 서서 이러지도 저러지도 못하는가?' 이처럼 문제에 맞닥뜨렸을 때 어떻게 대처하는가가 그 사람 성격의 내적 가치를 나타낸다는 것이다.

공격적인 성격 vs. 공격적이지 않은 성격

공격적인 성격의 특징으로는 허영심, 질투, 시샘, 원망을 들 수 있다. 공격적이지 않은 성격의 특징으로는 소극성, 불안, 우회주의, 망설임 등을 들 수 있다. 이 밖에도 비굴, 교만, 기분파, 미숙함 등도 성격을 표현하는 말이다.

아들러는 그중에서도 인간은 허영심에서 벗어날 수 없다고 말한다. 그는 허영심을 '자신이 불완전하다는 사실을 알면서도 자신을 타인은 물론 실제 자신보다 더 큰 존재로 보는 것'이라고 정의한다. 그리고 자기 자신에 대한 평가가 낮다는 데 그 배경이 있다고 말한다.

힘과 우월성을 추구하는 사람에게는 사실 강한 열등감이 있다.

허영심과 공동체 의식은 서로 양립할 수 없다. 허영심은 공동체의 원리에 굴복하지 않기 때문이다.

이 책은 허영심이 있는 사람의 특징도 소개한다. 바로 '타인의 가치와 중요성'을 공격한다는 점이다. 간단하게 말해 누군가를 깎아내림으로써 자기 자신을 치켜세우려고 하는 것이다.

당신 주변에도 열심히 누군가를 깎아내려 자신의 자존심을 지키려는 사람이 있지 않은가? 사람을 볼 줄 아는 사람이라면, 그가 자신감이 없어서 그런 행동을 하는 것이라는 사실을 알 것이다. 진정한 리더는 어제의 자신을 뛰어넘는 데만 의식을 집중한다. 사소한 자존심을 지키려고 애쓰지 않는 것이다.

행복이라는 감정은 어떨 때 생겨날까?

사람은 어떨 때 행복하다고 느낄까? 누군가에게 인정받으면 그 것만으로도 행복해질 수 있을까?

아들러는 이 문제를 풀어줄 열쇠를 '사회적 관심social interest', 즉 '공동체 의식'이라는 말로 설명한다. 그는 공동체 안에서의 소속감이야말로 인간의 가장 기본적인 욕구라고 한다.

공동체에서는 어느 정도의 순종과 적응력, 협력을 바탕으로 다른 사람에게 도움이 되는 것이 중요하지, 다른 사람보다 우월해지기 위해 지배욕을 키우는 것은 중요하지 않다.

우월감이나 지배욕에는 '지배하고자 하는 욕구'와 '힘'이 얽히고설켜 있다. 다시 말해 분노와 슬픔의 감정은 공동체에서 자기 자신을 분리시켜 버릴 수 있다는 말이다. 사회와의 관계를 끊어 버리면 기쁨이라는 감정은 생겨나지 않는다.

기쁨이라는 감정은 다른 사람과의 관계에서 생겨난다.

낙관주의자에게는 (…) 불신감이 없다. 따라서 다른 사람과 쉽게 이어지고, 쉽게 친구가 될 수 있다.

사람의 심리는 시대의 변화와 함께 생각하면 이해하기 쉽다. 마케팅을 예를 들어 이를 살펴보자.

시장은 제품이 중심이 되던 '마켓 1.0 시대'에서 고객이 중심이 되는 '마켓 2.0 시대'를 거쳐 인간 중심의 '마켓 3.0 시대'로 옮아갔다. 마켓 3.0 시대에는 보다 나은 사회를 만들기 위한 가치나 정서, 이념을 중시한다. 기업도 공동체 의식이 없으면 시대에 뒤처지고 만다. 이를 증명하듯 SNS(소셜 네트워크 서비스)가 나날이 활성화되고, 불특정 다수의 사람들이 온라인상에서 크라우드 펀딩crowd funding을 통해 자금을 조달하는 등 사람과 사람 사이의 연결을 중요시하는 움직임이 늘고 있다.

독자적인 삶의 방식, 사고, 행위라는 것은 우리가 항상 공동체와 연결되어 있었으면 좋겠다는 생각, 연결되어 있다는 믿음, 아니면 적어도 연결되어 있는 것처럼 보이고 싶다고 여기기 때문에 생겨난다.

우리는 왜 화를 내는 걸까?

화는 성가신 감정이다. 화라는 감정에 지배당하는 사람의 마음속에는 '우월감'이 자리 잡고 있다. 자기 자신의 힘을 과시하고 싶은 것이다.

화는 한 사람의 권력욕, 지배욕을 구체화시키는 감정을 말한다.

우월감이나 지배욕에 의지해 살아가는 사람은 자신이 남보다 아래에 있는 것을 달가워하지 않는다. 이런 사람은 '다음에는 누가 내 힘을 위협할까?' 하는 생각에 사로잡히게 된다. 그리고 그 사람 내면에서는 불신감이라는 감정이 소용돌이친다.

29.

상대방의 진정한 감정을
깨닫지 못하면,
그만의 독자성을 놓치고 만다

《피플 스킬People Skills》

로버트 볼튼Robert Bolton

인간관계에서 발생할 수 있는 여러 다양한 문제 및 의사소통의 문제를 해결하는 데 도움이 되는 책이다. 이 책은 대인관계에 필요한 세 가지 기술을 중점적으로 다룬다. 상대방이 하는 말을 진정으로 이해하기 위한 '경청의 기술', 자신의 욕구를 충족시키고 권리를 지키기 위한 '자기주장의 기술', 복잡하게 뒤얽힌 감정을 해소하기 위한 '갈등 관리의 기술'이 그것이다. 경청과 관련된 많은 책들 가운데서 건설적인 자기주장 방법론을 펼친다는 점이 이 책의 특징이다.

의사소통의 첫걸음

이 책에는 듣는 이가 말하는 이에게 신체적, 심리적으로 주의를 집중하는 데 필요한 '마주하기 기법attending skills', 상대의 말을 경청하고 있다는 사실을 확인시켜 주는 '지지 기법following skills', 상대방의 주장을 더 깊이 이해하고 있음을 나타내는 '감정 반영 reflecting feelings' 등이 소개된다.

상세한 내용은 이 책에 양보하고, 여기서는 중요한 내용만 소개하도록 하겠다.

우선 상대방의 말을 방해하지 않는 '지지 기법'에서는 상대방으로부터 이야기를 끄집어낼 계기를 만드는 것이 중요하다. 나아가 이 기법에서는 질문까지 줄이고 침묵하는 것도 중요하다. 혹시 당신도 모르는 사이에 너무 많은 말을 떠들어대고 있지는 않은가?

침묵해야 할 때가 있고, 말해야 할 때가 있다.
– 구약성서

진정으로 이해해야 할 것은 행동이 아니라 감정

눈앞에 있는 어떤 이의 행동 때문에 초조함을 느껴 본 적은 없는가? '이 사람은 대체 왜 이런 행동을 하는 거지?'라고 생각하며 말이다. 리더십을 발휘하고 싶다면, 필수적으로 이해해 두어야 할 것이 있다. 사람의 눈에 보이는 행동 자체가 중요한 것이 아니라는 점이다.

행동의 이면에는 그 사람의 생각이 존재한다. 그리고 그보다 깊은 곳에는 감정이 존재한다. 이 감정까지 이해하지 못한다면, 상대방에게 아무리 행동에 대해 이러쿵저러쿵 이야기해도 관계는 개선되지 않고, 원하는 결과는 얻을 수 없다.

저자 로버트 볼튼은 19~20세기 미국의 철학자 겸 심리학자 윌리엄 제임스William James의 말을 인용해 다음과 같이 말한다.

윌리엄 제임스가 말한 것처럼 개성은 감정 속에 있다. 따라서 상대방의 진정한 감정을 깨닫지 못하면, 그만의 독자성을 놓치고 만다.

문제가 되는 상대방의 행동을 바꾸고 싶다면

당신이 하고 싶은 말을 했는데 상대방이 기분 나빠하지 않는다면 얼마나 좋을까? 게다가 당신이 의도한 결과가 바로 나타난다면 말이다.

현실에서는 '상대방의 기분을 상하게 할 바엔 차라리 나만 참으면 된다'라고 생각하는 사람이 적지 않다. 하지만 그렇게 하면 자신의 삶의 영역을 지킬 수 없을뿐더러 언젠가 그 인내심 또한 한계에 도달하고 만다.

사람은 누군가 문제가 되는 행동을 하는 걸 보면 공격적인 태도를 취하거나 상대방을 자극하기 십상이다. 이에 사람들을 이런 상황에서 구해 줄 사고방식에 대해 소개하고자 한다. 바로 문제가 되는 상대방의 행동을 바꾸고 싶을 때 사용할 수 있는 세 가지 자기주장 메시지다.

- 문제가 되는 상대방의 행동에 대해 이야기한다.
- 그 행동이 당신 생활에 미치는 영향을 이야기한다.
- 이에 대한 당신의 감정을 토로한다.

특히 두 번째 자기주장 메시지의 경우, 눈에 보이는 구체적인 영향을 이야기할 때 가장 설득력이 높다.

'쓸데없이 돈이 든다', '자기 개인의 물건이 망가진다', '시간이 걸린다', '하지 않아도 될 일을 해야 한다', '직장을 잃을 수도 있다', '업무 능률이 떨어진다' 등 물질적·실질적 악영향을 의미한다.

현실적인 대립인가? 비현실적인 대립인가?

사람과 사람 사이의 대립에는 두 종류가 있다고 한다. 바로 '현실적 대립'과 '비현실적 대립'이다.

현실적 대립이란 요구, 목적, 가치관 등의 대립이다.

비현실적 대립이란 무지, 오해, 역사적 전통이나 편견, 결함 있는 조직 구조, 적대감, 스트레스 해소 욕구 등에서 생겨나는 대립이다.

이 책에는 비현실적인 대립을 해소하는 기법이 망라되어 있다. 무지, 오해, 결함이 있는 조직 구조에서 생겨나는 대립은 통제 가능한 대립이다.

이 책은 이처럼 올바른 자기주장 메시지를 습득함으로써 자신의 감정을 억누르지 않고 원활하게 커뮤니케이션할 수 있는 방법을 소개한다.

중요한 것은 자기 자신을 제대로 지키면서 동시에 성장도 하는 것이다.

메시지의 85퍼센트는 비언어적으로 전달된다

의사소통을 하는 데는 여러 가지 스킬이 있지만, 무엇보다 진심을 다해 소통하려는 자세가 중요하다.

공감이란, 상대방의 이야기에 머리뿐 아니라 마음으로도 귀 기울이는 일이다.

전문가들에 의하면 커뮤니케이션의 85퍼센트는 비언어적인 것이라고 한다. 당신은 혹 입으로는 "이해한다"라고 말하면서 힐끔힐끔 시계를 쳐다본 적은 없는가? 그때 당신이 상대방에게 보내는 메시지는 '저는 이제 슬슬 집에 가고 싶어요'라는 의미로 전달되게 된다.

태도야말로 당신의 감정을 가장 명확하게 전달한다는 사실을 잊지 말도록 하자.

30.

혁신을 이끄는 리더의
가장 큰 임무는
긍정적인 자세로
앞으로 나아가고자 하는
사람들을 지켜 내는 것이다

《V자 회복 V字回復の経営》

사에구사 다다시 三枝匡

실적이 부진한 여러 기업을 재건시키는 데 참여해 온 사에구사 다다시가 전하는 기업 혁신 스토리로, 실화를 바탕으로 하고 있다. 컨설턴트로서 저자가 참여한 다섯 개 회사의 변화 스토리를 재현해 생생한 현장감이 그대로 전달된다. 혁신을 위한 태스크포스 팀 결성부터 조직 개편 등의 내부 개혁, 그리고 V자 회복에 이르기까지의 조직 변화 과정을 사실감 있게 보여주고 있어 혁신의 소용돌이 속에 서 있는 리더에게는 그 어떤 조언보다 도움이 될 것이다.

능력 있는 리더는 어떻게 질문할까?

이 책의 등장인물 중 한 사람인 구로이와는 사장에게서 경영 부진에 빠진 사업부를 재건하라는 명령을 받는다. 이때 그가 사장에게 되받아친 말에서 그의 우수함을 엿볼 수 있다.

"그 사업에서 철수하는 것은 생각해 보셨나요?"

"사장님, 시간은 어느 정도 주실 수 있으신가요?"

사업 개혁 스토리는 이 대화에서부터 시작된다.

구로이와는 그 후 곧바로 50여 명의 사원들과 개인 면담을 갖는다. 이 면담은 태스크포스 팀을 결성하고 간부 후보를 찾아내기 위한 목적도 있다. 구로이와는 이 과정을 통해 구성원들에게 자신들이 현재 '질 수밖에 없는 싸움을 하고 있다'는 사실을 자각하게 하는 한편, 질문을 통해 자신들이 혁신 팀의 일원이라는 사실을 깨우쳐 준다.

이 책의 중간중간에는 사업이 부진한 상태라는 것을 알아챌 수 있는 50가지 증상이 알기 쉽게 삽입되어 있다. 예를 들어, '증상 12'에는 이렇게 적혀 있다.

'정치'에는 '전략'을 죽이는 힘이 있다. 조직 내 정치는 개인적인 이권이나 이해관계, 과거의 영광에 대한 집착, 취향 등에 의해 생겨난다. 그 결과 '옳은가, 그른가'보다 '타협'을 우선시하는 조직 풍토가 조성된다.

타협을 통해서는 사업을 회생시킬 방법이 보일 리 없다.

구로이와는 조직 구성원들에게 날카로운 질문을 던진다. 개발자에게는 "개발자 입장에서 봤을 때 이번 일이 실패한 원인은 뭐라고 생각합니까?", "예를 들어 고객의 경제적 이익은 얼마나 될까요? 또 회사의 이익은 얼마나 늘어날 것 같나요?" 하고 묻는다. 영업사원에게는 "본사의 상품별 판매 목표가 지점 활동에 어떻게 반영되고 있나요?" 하고 묻는다.

그리고 이러한 몇 가지 질문만으로 구로이와는 본사의 전략이 고객을 직접 응대하는 현장에 제대로 반영되고 있지 않다는 사실을 간파한다.

만나야 할 사람을 만나면 회사 내에 묻혀 있던 인재를 단번에 찾아낼 수 있다.

사람은 손익에 대한 책임을 호되게 추궁받지 않는 한 경영자로 성장할 수 없다.

경영 혁신에 필요한 4개의 리더상

사에구사 다다시는 경영 혁신을 하려 해도 네 부류의 리더가 모이지 않는 한 성공할 수 없다고 말한다. 여기서 말하는 네 부류의 리더란, 시간과 돈을 제공하는 '후원자 역할을 하는 리더', 대책을 마련하는 '지혜로운 리더', 갈등을 힘으로 통제할 수 있는 '권력을 쥔 리더', 모두를 이끌고 앞으로 나아갈 수 있는 '행동하는 리더'다. 구로이와는 이 중 권력을 쥔 리더에 속한다.

이 내용을 참고해 당신에게 기대되는 리더의 역할은 무엇인지 생각해 보길 바란다. 또 변혁에 진척이 없다면, 현재 우리 조직에 어떤 역할의 리더가 부족하기 때문인지 점검해 볼 수 있을 것이다.

순조로운 경영 혁신을 위한 9단계

이 책 《V자 회복》에서는 혁신이 잘 진행되려면 반드시 다음의 아홉 단계가 필요하다고 말한다.

1단계: 기대 시나리오
2단계: 흐름 시나리오
3단계: 절박감
4단계: 원인 분석

5단계: 시나리오 작성

6단계: 결단

7단계: 현장 반영

8단계: 실행

9단계: 성과 인지

위의 아홉 단계에 대해 간단하게 살펴보자.

일단 머릿속에 변혁 후의 이미지를 확실히 그리는 데서부터 시작한다. 그리고 이대로 진행되었을 때 어떻게 될지에 대한 흐름 시나리오도 그려 본다. 그 둘의 차이로 인해 절박감을 갖게 된다.

그러면 위기를 느낀 사람은 잘 되지 않는 부분의 원인 분석에 눈을 돌리기 시작한다. 바로 이때부터 변혁을 목표로 논리적이고 스토리까지 갖춘 시나리오를 만든다. 그리고 구체적으로 어디서부터 칼을 대면 좋을지 등 끊임없는 결단 과정을 거쳐 현장에 반영한다.

여기까지가 준비 단계다. 8단계부터는 실행 단계다. 저자는 마지막 성과 인지 단계를 '다음에 필요한 힘을 창출하는 데 필요한 것'이라고 정의한다. 변혁을 달성했다면, '거기에 참여한 인재를 어떻게 평가하고, 그 경험을 앞으로 어떻게 활용하게 할 것인가', 즉 미래의 경영 인재를 각성케 하는 것도 결코 소홀히 해서는 안 된다.

기업의 변혁이란, 옳다고 여기는 일을 우직하게, 필사적으로 완수하는 것이다. 그러려면 리더가 끊임없이 정열을 쏟아부어야 한다.

전략도 결국 사람이 움직인다

얼마 전 한 지인으로부터 회사에서 혁신 팀의 일원으로 뽑혔다는 이야기를 들었다. 그는 자신의 눈앞에서 저항 세력이 활개를 치고 있는 듯하다고도 말했다. 이 때문에 지인은 혁신의 과정을 즐기면서도 스트레스 또한 상당히 받고 있는 듯했다. 이때 리더의 역할이 무엇보다 중요하다.

혁신을 이끄는 리더의 가장 큰 임무는 긍정적인 자세로 앞으로 나아가고자 하는 사람들을 지켜 내는 것이다. 그러려면 암이 발견되는 즉시 냉정하게 도려내야 한다.

제아무리 멋진 전략도 결국에는 사람이 움직인다. 혁신을 위해 흙탕물을 뒤집어쓸 각오를 한 사람들을 지키는 것, 이는 혁신을 이끄는 리더가 절대 소홀히 해서는 안 될 일이다.

31.

학습이
진정으로 효과를 발휘하려면
조직 기능 구조 속에 확실히
흡수되어야 한다

《학습하는 조직The Fifth Discipline》

피터 M. 센게Peter M. Senge

전 세계적으로 100만 부 이상 판매된 베스트셀러다. 이 책의 저자인 피터 센게는 학습조직 이론의 창시자로, 리더십 교육 및 개발에 30년 가까이 몸담아 온 인물이다. 매니지먼트의 형태를 근본적으로 바꾸는 시스템 사고의 개념을 세상에 알렸다. 저자는 비즈니스가 점점 복잡해지고 역동적으로 변해가는 요즘 같은 시대에는 조직 내 모든 단계에서 비전을 공유하고 학습하는 능력을 끌어낼 수 있는 조직을 만들어야 한다고 주장한다. 이것이 가능한 조직만이 미래를 창조하는 조직으로 거듭날 수 있다는 것이다.

학습하는 조직을 구성하는 5가지 요소

'학습하는 조직'과 '권위주의적 조직'의 차이는 무엇일까? 저자 피터 센게는 학습하는 조직에는 다섯 가지 요소가 있다고 이야기한다.

- 시스템 사고
- 정신 모델
- 팀 학습
- 개인적 숙련
- 공유 비전

순서대로 살펴보자.

우선 시스템 사고는 사고를 함에 있어서 부분적, 단편적으로 보는 것이 아니라 시스템 전체를 보는 것을 말한다. 이는 하나의 개념적 틀로, 일련의 지식과 도구를 이용해 부분이 아닌 전체 유형을 명확하게 파악하고, 이를 효과적으로 바꿀 방법을 찾도록 도와준다. 모든 것은 연결되어 있다. 현상으로 나타나기까지 시차가 있을 수는 있지만, 중요한 것은 변화를 만드는 근본적인 구조를 찾아낼 수 있느냐에 달려 있다.

두 번째 '개인적 숙련'은 개개인의 비전을 명확히 하고, 이를 탐구하는 일이다. 그와 함께 에너지를 집중하고, 인내심을 습득하며, 현실을 객관적으로 바라보는 것이다. 쉽게 말해 개인적 숙련은 천명을 다해 살아가는 사람에게서 볼 수 있다.

천명을 다하며 사는 사람은 독자성이 매우 강하다. 하지만 변화에 저항하지 않고 현실을 냉정하게 바라볼 줄 안다. 그리고 그들의 가장 큰 특징은 '배움에는 끝이 없다'는 사실을 알고 있다는 점이다.

세 번째 '정신 모델'은 우리가 세계를 어떻게 이해하고 어떻게 행동하는지에 영향을 미치는, 우리의 생활에 깊이 스며들어 있는 전제, 즉 일반 개념을 뜻한다. 다시 말해 각자가 생각하는 습관 같은 것이다.

네 번째는 '공유 비전'이다. 피터 센게는 이를 '자신이 창조하고 싶은 것은 무엇인가?'에 대한 답이라고 이야기한다. '당신이 비즈니스를 성공시킴으로써 행복하게 해 주고 싶은 사람은 누구인가?', '그러기 위해 우리는 무엇을 창조하는 조직이어야 하나?' 등의 명확한 비전이 말로 표현돼야 하는 것이다.

마지막은 '팀 학습'이다. 저자는 말한다. "팀 학습이란 구성원들이 진정으로 바라는 결과, 즉 공유 비전을 실현할 수 있도록 팀의 능력을 모아 키우는 과정이다." 팀 학습이야말로 이 책의 핵심이다.

팀 학습을 통해 무엇을 배우면 좋을까?

팀 학습을 이해하려면 '대화'와 '토론'의 차이를 알아야 한다.

물론 학습하는 조직에서는 대화가 더 중요하다. 대화의 목표는 합의가 아니라 더 복잡한 문제를 더 깊이 이해하는 것이다. 처음부터 초점을 맞춰 이야기를 나누는 토론과는 다르다. 즉, 대화는 새로운 시각을 발견하기 위해 하는 것이다.

진정한 학습은 '인간이란 무엇인가'라는 의미를 파고드는 것이다. 우리는 학습을 통해 자기 자신을 재구성한다.

당신이 속한 조직에서는 대화가 가능한가? 혹시 목소리 큰 사람의 의견만 통과되는 그런 조직은 아닌가?

탐구와 주장이 어우러지면 토론에 이기는 것은 더 이상 목표가 되지 않는다. 최선을 다해 의견을 끌어내는 것이 목표가 된다.

리더가 잊어서는 안 되는 일이란?

학습하는 조직을 만들기 위해 리더가 갖추어야 할 자질은 무엇일까? 그리고 리더가 잊어서는 안 되는 일은 무엇일까?

이 책은 공유 비전의 중요성에 대해 '이래도? 이래도 모르겠어?'라고 이야기하듯 강하게 주장한다. 그림의 떡 같은 비전은 절대 제 기능을 하지 못한다. 구성원들이 그 비전을 진심으로 달성하고 싶어 하느냐가 중요하다.

그렇다면 비전은 한번 내걸면 그걸로 영원히 변치 않고 비전으로 남아 있을까? 그렇지 않다. 이것이 바로 저자가 리더들에게 절대 잊어서는 안 된다고 이야기하는 내용이다.

'어떤 비전이냐'가 아니라 '그 비전이 어떻게 기능하느냐'가 문제다.

능력 있는 리더는 수시로 비전을 되돌아본다. 늘 비전의 목적이 무엇이었는지를 생각한다. 구성원들이 의무감이 아니라 사명감으로 움직일 수 있는 팀을 만들지 못한다면 프로젝트는 불길 속으로 사라져 버리고 말 것이기 때문이다.

학습한 것을 조직의 뼛속까지 스며들게 하라
리더는 구성원들의 경험과 학습이 다음 행보로 이어질 수 있도록 되돌아보게 만들어야 한다.

학습이 진정으로 효과를 발휘하려면 조직 기능 구조 속에 확실히 흡수되어야 한다.

예를 들면 '프로젝트가 성공할 수 있었던 이유는 무엇일까?', '프로젝트가 실패한 이유는 무엇일까?', 만약 실패했다면 '무엇을 공유하면 다음에는 실패하지 않을 수 있을까?'라고 질문을 던지게 하는 것이다. 조직이 쌓아온 실패와 성공의 경험을 자산으로 축적하라는 말이다.

32.

좋은 질문은
끝없는 탐험과 기회를 향한
문을 열어준다

《질문이 답을 바꾼다Power Questions》

앤드루 소벨Andrew Sobel, 제럴드 파나스Jerold Panas

저자인 앤드루 소벨과 제럴드 파나스는 미국 비즈니스계에서 큰 영향력을 발휘하는 경영 컨설턴트들이다. 앤드루 소벨은 베스트셀러 《평생을 함께하는 조언자Clients for Life》의 저자이기도 하다. 이 책은 문제의 핵심을 파고드는 337개의 탁월한 질문들을 구체적인 에피소드들과 함께 소개한다. 이 질문들을 통해 우리가 매일 나누는 커뮤니케이션의 바람직한 모습이 무엇인지를 되돌아볼 수 있을 것이다. 질문은 단순히 답을 듣기 위해 하는 것이 아니다. 질문을 통해 우리는 관계를 개선할 수도, 원하는 것을 얻을 수도, 삶의 진정한 가치를 찾을 수도 있다.

질문과 대답 중 대화를 이끄는 것은 무엇일까?

여러분에게 한 가지 질문을 던지도록 하겠다. 대화를 이끌어가는 사람은 질문하는 사람일까? 아니면 대답하는 사람일까?

커뮤니케이션의 달인이라면 이미 눈치챘을 것이다. 대화에서 우위에 서는 사람은 바로 질문하는 사람이다.

사람에게는 두 가지 큰 욕구가 있다고 한다. '인정받고 싶다는 욕구'와 '이야기를 들어주길 바라는 욕구'다. 이 두 가지를 충족시키는 것이 바로 "너는 어떻게 생각해?"라는 질문이다. 상대방의 욕망이나 추진력을 끌어낼 수 있는 질문이야말로 탁월한 질문이라 할 수 있다.

질문을 바꾸면 들을 수 있는 대답도 달라진다

사람은 자기 자신에게 불리한 상황이 닥치면 감정을 고스란히 드러내는 말을 내뱉기 마련이다. 상대방이 이렇게 행동할 때, 다음과 같이 질문형으로 이야기해 보면 어떨까?

"금세 버럭 하는 네 성격에 정말 정떨어졌어!"라고 말하는 대신 "그렇게 화를 퍼부으면 주위 사람들과의 관계에 어떤 영향을 미칠 것 같아?"라고 묻는다. 그 다음 누구나 당연하게 여기는 점에 대해 근본적인 질문을 던진다.

예를 들어 상대방이 집착하는 말이 있다면, 그 말의 정의에 대해 되묻는다. 컨설턴트에게 고객사의 사장이 "혁신을 추진하려고 해요"라고 말한다면 이렇게 확인한다. "사장님이 생각하는 혁신이 무엇인지 설명해 주시겠어요?"

이런 질문에 익숙하지 않을 때는 상대방의 기분을 해치지 않도록 "당신이 생각하는" 등의 말을 넣어 질문하면 좋다. 이렇게 질문을 바꾸면, 당신이 들을 수 있는 대답도 달라진다는 점이 중요하다.

좋은 질문은 끝없는 탐험과 기회를 향한 문을 열어준다.

종잡을 수 없는 대화에서 원하는 결론을 얻는 법

부디 질문의 힘을 최대한 활용해 주위 사람을 움직일 수 있게 되기를 바란다. 단, 모든 사람이 탁월한 질문을 자유자재로 구사할 수 있는 것은 아니다. 상대방의 종잡을 수 없는 질문 때문에 난처한 경험을 한 사람도 있을 것이다. 그럴 때는 이렇게 물어보면 어떨까?

"어떤 점에 집중해서 이야기하면 좋을까요?"

자칫 이 질문은 상대방을 추궁하는 것처럼 느껴질 수도 있다. 하지만 요즘 같은 속도의 시대에 무슨 뜻인지 종잡을 수 없는 말을 계속 늘어놓는 사람 옆에서 인내심을 발휘하는 것도 쉬운 일만은 아닐 것이다. 그럴 때는 이렇게 물어보자.

"예스인가요, 노인가요?"

이 같은 질문은 상대방으로부터 제안에 대한 확답을 받고 싶을 때, 끝까지 책임지고 해 줄 수 있는지 여부를 확인하고자 할 때 그 위력을 발휘한다.

"어떤 것에 시간을 더 많이 할애하고 싶으세요?"

이런 간단한 질문에도 상대방의 진심은 흘러나온다. 상대방은 당신의 질문에 "이 일에 시간을 좀 더 투자할 수 있다면, 더 좋은 성과를 낼 수 있을 텐데 말이죠!"라고 반응할지도 모른다. 이처럼 좋은 질문은 상대방이 마음의 빗장을 풀게 할 수도 있다.

"문제가 뭔가요?"

꽤나 날카로워 보이는 질문이다. 하지만 누군가 당신에게 조언을 청해 올 때, 상대방이 스스로 생각을 정리할 수 있게 도와주는 질문이라는 믿음을 가지고 한번 사용해 보길 권한다.

자기 자신을 북돋는 데도 유용한 질문

눈앞에 있는 상대방뿐만 아니라 자기 자신에게 던져도 큰 힘을 발휘하는 질문이 있다. 필요하다면 자기 자신에게도 이 질문을 던져 보자.

"이게 당신이 할 수 있는 최선입니까?"

단, 이 질문을 타인에게 던질 때는 꼭 필요하다고 판단될 때만 사용해야 한다. 최선을 다해 한계치까지 노력해 주길 바라는 상대에게만 사용해야 한다.

좋은 질문도 정확한 문맥 속에서만 힘을 발휘한다

일이나 사적인 문제 때문에 궁지에 몰렸을 때 이렇게 물어봐 주는 사람이 있다면 어떨까? 듣는 사람에게 이 말은 얼마나 큰 힘이 될까!

뭐 제가 할 수 있는 일은 없을까요?

이 책에서 말하는 모든 질문을 다 외울 필요는 없다. 정확한 문맥에서 사용하지 않으면, 아무리 달달 외워도 그 질문은 아무런 의미도 갖지 못하기 때문이다. 탁월한 질문은 관계성 속에서만 힘을 발휘한다는 것을 기억하자.

33.

문제는 마음속으로 상대방을
어떻게 생각하느냐다.
상대방은 이에
반응하기 때문이다

《상자 밖에 있는 사람Leadership and Self-Deception》

아빈저 연구소The Arbinger Institute

사람과 사람 사이에서 일어나는 관계의 문제에 대한 근본적인 해결책을 제시하는 책이
다. 일에서는 나름 성공했다고 믿어 의심치 않았던 주인공이 새로 옮긴 직장에서 어느 날
'성공하고 싶다면 본인 안에 있는 문제를 해결해야 한다'라는 상사의 충고를 듣는 것으로
이야기는 시작된다. 저자는 자기기만의 구조를 '상자'라는 개념을 써서 설명하는데, 모든
사람이 따라가고 싶어 하는 리더는 '상자 속'이 아닌 '상자 밖'에 있는 리더라고 말한다.
혹 당신은 상자 속에 있지는 않은가? 그렇다면 어떻게 상자 밖으로 나와 진정한 소통을
할 수 있을까?

타인을 대상으로 보는가, 성장 가치가 있는 존재로 보는가?

어느 날 주인공이 다니는 회사의 부사장이 주인공에게 이렇게 말한다.

"자네는 한 가지 문제를 가지고 있네. 그 문제는 자네가 우리 회사에서 성공적으로 일하고 싶다면 반드시 해결해야 할 문제네."

자기 자신을 우수하고 능력 있는 사람이라고 자부하던 사람이 이 말을 들었다면, 매우 충격을 받았을 것이다.

상사가 지적한 주인공의 문제를 간단하게 정리하면 '주위 사람들을 대상으로만 보고 있지 않은가?', '자신을 너무 정당화하려고 하지는 않는가?' 하는 것이었다.

저자는 주위 사람을 대상으로만 바라보는 상태를 '상자 속에 들어간 상태'라고 표현한다. 상자라는 개념이 잘 와닿지 않는다면 자신의 껍데기 속에 틀어박혀 있는 모습을 상상하면 이해하기 쉬울 것이다.

왜 상자 속으로 들어가면 안 될까?

주인공이 묻는다.

"상자 밖에서 사람을 사람으로 볼 수 있는 상태와 상자 속에서 사람을 대상으로밖에 보지 못하는 상태가 있다면, 이 둘의 차이는 어디에서 생겨나는 건가요?"

상자 속에 있으면 왜 안 되는 걸까? 바로 상대방을 비난하는 행동을 하게 되기 때문이다. 자신은 나쁘지 않고 상대방은 나쁘다는 관점에서 세계가 전개되는 것이다. 그 결과 자신에게 일어나는 모든 일을 자신을 정당화하기 위한 해석에 이용한다.

상자 속에 있음으로 해서 일어날 수 있는 일은 이뿐만이 아니다. 자신이 상자 속에 있게 되면 상대방도 상자 속으로 들어오도록 유인한다고 하니, 이야말로 더 무서운 일이다.

놀랍게도 자신이 상자 속에 있으면 상대방이 문제를 일으켜 줄 필요성이 생기게 된다. 즉, 문제가 필요해지는 것이다.

이 말이 믿기 어려울지도 모르겠다. 상대방이 문제를 일으키면 당신은 자기 자신을 더 합리화, 정당화할 수 있게 된다는 말이다. 그리고 그 결과 더 큰 문제를 끌어당기게 된다.

"자네는 주위 사람들을 인내해야 하는 존재로 여기고 있지는 않은가?"

당신이 상자 속으로 들어가면, 상대방도 그 속으로 들어가도록 유인한다는 말은 문제가 늘어나면 늘어났지 해결되는 방향으로 움직이지는 않는다는 것을 의미한다.

우리는 언제 상자 속으로 들어갈까?

그렇다면 사람들은 언제 상자 속으로 들어갈까? 바로 자기 자신을 배신할 때다. 여기서 말하는 '자기 자신에 대한 배신행위'란 '다른 사람을 위해 해야 한다고 생각하는 일로부터 등을 돌리는 행위'를 의미한다. '누군가에게 도움이 되는 행동을 해야지'라고 생각하면서도 '시간이 없으니까', '피곤하니까', '그건 내 일이 아니니까'라며 자신의 감정을 속인 적은 없는가? 이런 것들이 바로 자신을 배신하는 행위이다.

사람들은 이처럼 자신을 배신하기 시작할 때 상자 속으로 들어간다. 이는 가정에서도 마찬가지다. 남편을 위해, 아내를 위해, 가족을 위해 '이렇게 하는 편이 좋다'는 사실을 알면서도 왠지 모르게 자기 자신을 속이며 상대방에게 도움이 되는 행동과 반대되는 행동을 한 적은 없는가?

한번 자기감정으로부터 등을 돌리면 주위 세계를 자신의 배신을 정당화하는 관점에서 보기 시작한다.

상자 속에 들어간 상태에서는 상대방을 위해 무언가를 해 주어야겠다는 마음이 생기지 않는다.

상대방을 존중받아야 할 존재로 바라보기

스스로 상자 속에 들어가고, 상대방마저 그 속으로 끌어들인다면 조직 내에 문제가 산더미처럼 쌓이게 될 것이다. 예를 들면, 동기나 적극성의 결여, 타인을 책망하는 문화, 스트레스, 불완전한 커뮤니케이션 등의 문제가 발생한다. 이렇게 되면 당신은 현장을 제대로 통솔하지 못하는 미숙한 사장이라는 평가를 받게 될 것이다.

그렇다면 상자 밖으로 나오려면 어떻게 해야 할까? 저자는 그 방법으로 "상대방을 거스르지 않아야 한다"라고 말한다. 상자 밖으로 나온다는 것은 자신을 정당화하려는 생각이나 감정에서 해방된다는 것을 의미한다. 즉 상대방을 자신과 똑같이 존중받아야 할 존재, 바람이나 필요, 관심, 두려움 등을 가지고 있는 '하나의 인격체'로 바라보기 시작했을 때 비로소 상자에서 벗어날 수 있다.

문제는 마음속으로 상대방을 어떻게 생각하느냐다. 상대방은 이에 반응하기 때문이다.

언젠가 함께 일하는 팀원이 연이어서 실수를 저질렀을 때, 나 역시 상자 속으로 들어가 버린 적이 있다. '저 친구에게 앞으로 계속 일을 맡겨도 될까?'라는 불안감이 싹트기 시작했고, 나는 곧이어 엄격한 관리 체제에 돌입했다. 그리고 그 결과 그 팀원뿐만 아니라 나 자신까지도 괴로운 지경에 이르고 말았다.

신뢰라는 토대가 구축되지 않는 한 무슨 일을 해도 잘될 리가 없다. 그런데 상대방이 아니라 나 자신을 바꾸자 빛이 보이기 시작했다. 주시해야 할 대상은 다른 사람이 아니라 바로 나 자신이었던 것이다.

3장

익숙함을 경계하면
새로운 길이 보인다

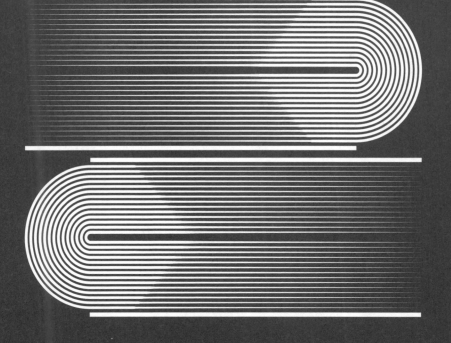

34.

성공한 조직이 스스로를 파괴하지 못하는 이유는 기존보다 더 높은 이익만 우선시하기 때문이다

《성장과 혁신The Innovator's Solution》

클레이튼 M. 크리스텐슨Clayon M. Christensen, 마이클 E. 레이너Michael E. Raynor

저자 중 한 명인 클레이튼 M. 크리스텐슨은 전작 《혁신 기업의 딜레마The Innovator's Dilemma》 등에서 '파괴적 혁신disruptive innovation 이론'을 다루면서 세계적인 경영 사상가로 명성을 얻었다. 전작이 기술에 집중했다면, 이 책은 매니지먼트나 조직 구조에 대해 다루고 있다. 선도 기업이 파괴적 혁신 기업으로부터 공격받았다면 어떻게 맞서야 할까? 또 자사가 파괴적 혁신을 하고자 한다면, 무엇에 주의하며 앞서가는 기업들과 싸워야 할까? 이 책에는 이 두 가지 질문에 대한 답이 모두 제시되어 있다.

지속적인 혁신 vs. 파괴적인 혁신

혁신에는 두 가지 종류가 있다고 한다. 바로 '지속적인 혁신'과 '파괴적인 혁신'이 그것이다.

지속적인 혁신은 기존 제품보다 뛰어난 성능으로 까다로운 고급 고객을 확보하는 것을 목표로 한다.

파괴적인 혁신은 이미 형성된 시장의 기존 고객에게 더 좋은 제품을 제공하려고 하지 않는다. 오히려 현재 유통되는 제품보다 뛰어나지 않은 제품이나 서비스를 판매함으로써 그 궤적을 파괴하고 새롭게 정의한다.

즉, 질 높은 서비스를 필요로 하지 않는 고객에게는 파괴적인 제품이야말로 간단하고 저렴해서 매력적으로 비친다는 얘기다.

지속적인 혁신을 추구하는 기존 기업은 상위 시장을 목표로 더 좋은 제품을 만들어야 하는 것이 숙명이다. 바로 여기에 모순이 있다. 파괴적인 혁신이 무서운 이유는 주류 시장을 공격하기 때문이 아니라 파괴적인 신제품이 더 좋다는 사실을 깨달은 고객이 주류 시장에서 빠져나간다는 데 있다.

지속적인 혁신에서는 현재 업계 리더 자리를 차지하고 있는 기업이 거의 100퍼센트 이긴다. 하지만 파괴적인 혁신에서는 새로 시장에 진출한 기업이 이길 확률이 압도적으로 높다.

시장을 넓게 재정의하라

저자들은 고객이 처리하고자 하는 '일'과 그 일을 통해 궁극적으로 달성하고자 하는 '성과'에 주목하라고 말한다. 이것이야말로 시장을 정의하는 기준이기 때문이다. 틀에 박힌 교과서대로 시장을 정의하면 시작 단계에서부터 좌절하고 만다. 마케팅 분야에서 자주 인용되는 이야기 중에 "드릴을 사러 온 고객은 드릴이 아니라 구멍을 원한다"라는 말이 있다. 이 사실을 아느냐 모르냐가 사업의 성패를 좌우하는 것이다.

혁신은 정확한 예측이 가능한가?

저자들은 혁신을 예측 가능한 형태로 바꿔 가야 한다고 주장한다. 그러려면 프로세스 자체를 이해해야 한다. 즉 혁신의 결과만 생각해서는 안 된다는 말이다.

'예측 가능하다'는 말은 즉, '무엇이, 무엇을, 왜 일으키는지를 명확하게 설명할 수 있고, 그것이 상황에 따라 어떻게 변화할지를 예측할 수 있다'는 말이다.

실제로 혁신에 참여하는 사람들은 아이디어를 살피는 것뿐만 아니라, 그 가능성이 시장에서 어느 정도나 될지 등을 분석하고 판단하는 데 온 힘을 기울인다.

프로세스를 파악해 다음에 어떤 변화가 일어날지, 고객이 어떤 반응을 보일 때 다음 변화가 일어날지를 이해하는 일은 날이 갈수록 점점 더 중요해지고 있다.

이 책에는 오버슈팅overshooting의 사례가 등장하는데, 저자들은 이를 '기술의 수준이 고객의 니즈를 넘어서는 순간'이라고 정의한다. "고객들은 왜 우리 제품이 타사 제품보다 좋다는 사실을 알아주지 않는 걸까?" 영업사원에게서 이런 볼멘소리가 들려오기 시작하면 오버슈팅의 징후가 나타난 것이라고 한다.

고객은 이미 과도할 정도로 좋은 제품에 더 비싼 가격은 지불하지 않는다.

파괴적 혁신에 대항하는 방법
파괴적인 혁신가를 상대하기 위해서는 새로운 비용 구조로 맞서야 한다. 만약 그렇지 않으면 힘든 싸움이 되고 만다.

성공한 조직이 스스로를 파괴하지 못하는 이유는 기존보다 더 높은 이익만 우선시하기 때문이다.

이 점을 이해한 후 조직을 유연하게 설계하고, 새로운 우선순위나 가치 기준으로 경영할 수 있느냐가 관건이다.

또 파괴적인 혁신에 대한 대항책은 주력 사업이 아직 충분한 이익을 내고 있을 때 추진하지 않으면 안 된다.

35.

신념을 가지고
새로운 패러다임에 뛰어들라.
안전이 확인된 후 도착해봤자
그곳에 당신 자리는 없다

《패러다임Paradigms》

조엘 A. 바커Joel A. Barker

미래 경제학자인 조엘 A. 바커가 쓴 책으로, 그는 이 책을 통해 전 세계 수많은 비즈니스 리더들에게 '지속적으로 변화하는 기술의 법칙들을 파악해 회사에 적용할 수 있는 방법'을 알려 주었다. 특히 1980년대 대규모 재정적자로 인해 밑바닥으로 가라앉아 있던 수많은 미국 기업에 부활을 위한 새로운 이념과 시나리오를 제시했다. 이 책은 대변혁의 시대에 혁신이 얼마나 중요한지를 다양한 사례를 통해 소개한다. 패러다임은 새로운 문제를 발견해 가는 과정에서 해결할 수 없는 문제를 부각하고, 이 해결할 수 없는 문제가 방아쇠가 되어 패러다임의 전환이 일어난다고 한다.

패러다임이란 무엇인가?

우리가 지금 당연하다고 여기는 것들은 어떤 때 당연하지 않은 것이 될까? 우리 주변에서 일어나는 당연한 일들 중에는 불과 얼마 전까지만 해도 결코 당연한 일이 아니었던 것들도 있다. 우선 조엘 A. 바커가 말하는 패러다임이란 무엇인지부터 살펴보자.

패러다임이란, 규칙이자 규범으로(꼭 성문화될 필요는 없다), 경계를 명확하게 하고, 성공하기 위해 경계 내에서 어떻게 행동하면 좋을지를 알려 주는 것이다.

패러다임은 삶의 방식, 인생관, 문제 해결 방법에 크나큰 영향을 미친다. '나는 누구인가?', '나는 어디로 가려 하는가?' 그 질문의 중심에 있는 것이 바로 패러다임이다.

운동 경기를 떠올려 보면 이해하기 쉽다. 규칙이 있기에 어느 쪽이 이기고, 어느 쪽이 지는지 알 수 있다. 비즈니스도 마찬가지다. 이미 확립된 방식이라는 것이 있다.

하지만 그 방식만으로는 해결되지 않는 문제들이 있다. 이럴 때는 어떻게 하면 좋을까? 그 상황들을 돌파할 해답은 어디에 적혀 있을까?

패러다임은 누가 바꿀까?

저자는 패러다임 전환을 일으키는 사람을 네 부류로 구분한다.

- 막 교육을 마친 신입사원
- 다른 분야에서 온 경험이 풍부한 사람
- 독불장군
- 여기저기 들쑤시고 다니는 사람

'독불장군'과 '여기저기 들쑤시고 다니는 사람'은 기존의 틀 내에서는 문제를 해결할 수 없다는 사실을 이미 깨달은 사람이다. 그중 '독불장군'은 가장 먼저 패러다임을 전환하고자 하는 인물이다.

멋진 아이디어가 번뜩이는 날은 업무를 시작한 첫날이다. 다음으로 멋진 아이디어가 번뜩이는 날은 회사를 그만두는 날이다.

오랫동안 풀지 못했고 베테랑조차 해결하지 못했던 문제를 막 입사한 신입사원이 쉽게 해결해 버렸던 경험은 없는가? 아이러니하게도 그 바탕에는 그 신입사원이 아직 조직 문화에 완전히 물들지 않았기 때문이라는 이유가 있을 수 있다. 다시 말해 현재의 패러다임을 세세한 부분까지 이해하지 못했거나, 경우에 따라서는 패러다임을 전혀 이해하지 못했기 때문인 것이다.

이처럼 기존의 틀만 고수해서는 차원을 뛰어넘을 수 없다.

에어백을 개발한 것은 자동차 엔지니어가 아니다?

비전문가가 하는 이야기라고 해서 귀 기울이지 않았다가 아주 큰 손실을 본 기업 사례가 있다.

미국 뉴저지주에 있는 한 회사가 자동차 에어백용 기폭장치를 개발했다. 당시 미국 3대 자동차 회사였던 제너럴모터스, 포드, 크라이슬러는 에어백 단가로 500~600달러를 예상했다. 그런데 사실 이 회사들은 지난 20여 년간 에어백 개발에 10억 달러가 넘는 비용을 쏟아부은 상태였다. 업계 최고의 회사들이 고액의 개발비와 시간을 들이고도 해결하지 못했던 문제를 자동차에 관해서는 문외한이었던 이 회사가 고작 1년 만에 해결했던 것이다. 더구나 그들이 개발비로 들인 비용은 40만 달러에 불과했다고 한다.

껍데기를 깨부수고 새로운 패러다임을 찾기 위해 노력하지 않는 한 그 멋진 아이디어는 다른 누군가가 발견하게 된다.

여기서 눈여겨볼 것은 이 회사가 수류탄 기폭장치인 신관 등을 제조하는 회사였다는 점과 자사가 개발한 기술이 에어백에도 유용하게 적용되리라는 사실을 간파했다는 점이다. 즉, 수류탄은 물론 에어백에도 '충격이 감지되면 튀어나오고 부풀어 오르는' 기능이 필요하다는 사실을 발견한 것이다.

그런데 이 수류탄 제조 회사에서 영업차 제너럴모터스를 방문했을 때, 그들은 문전박대를 당하고 말았다. 당시 제너럴모터스 입장에서는 수류탄 제조업체가 에어백 개발에 필요한 솔루션을 들고 왔다는 사실이 당최 믿기지 않았던 것이리라.

패러다임을 전환하려는 사람의 말을 먼저 들을 수 있느냐 없느냐가 큰 차이를 만든다.

신념을 가지고 새로운 패러다임에 뛰어들라. 안전이 확인된 후 도착해봤자 그곳에 당신 자리는 없다.

게임에서 확실하게 이기는 법

수많은 경쟁자들을 제치고 게임에서 확실하게 이기려면 어떻게 해야 할까?

패러다임 전환란, 새로운 게임으로 옮겨가는 일이자, 게임의 규

칙 자체를 완전히 뒤바꾸는 일이다.

예를 들어 아이폰이 등장한 후 비즈니스의 규칙이 완전히 뒤
바뀌어 버려 고전을 면치 못하고 있는 휴대폰 업계를 보라.

그렇다면 게임에서 확실하게 이기려면 어떻게 하면 좋을까?
바로 게임의 규칙을 자신에게 유리하게 바꿔 버리면 된다.

36.

비범한 성장을 이루고 싶다면, 팀원들을 평범하고 따분한 공간에서 일하게 두어서는 안 된다

《유쾌한 크리에이티브Creative Confidence》

톰 켈리Tom Kelley, 데이비드 켈리David Kelley

세계적인 디자인 컨설팅 회사 IDEO의 설립자인 데이비드 켈리와 홍보, 마케팅 부문에서 이 회사를 뒷받침해 온 톰 켈리 형제가 공동 집필한 책이다. IDEO는 애플의 초대 마우스를 비롯해 인간 중심의 디자인 기법으로 높은 평가를 받고 있는 세계적인 기업이다. 스탠퍼드대학교 교수이기도 한 데이비드 켈리는 모든 사람의 마음속에 잠들어 있는 창조성을 꽃 피우게 하는 일을 삶의 보람으로 여기고 있다. 이 책에서는 혁신 문화를 구축해 조직의 잠재적인 힘을 끌어내는 방법과 디자인적 사고를 실행에 옮기는 노하우를 소개한다.

실패에 대한 공포를 극복하는 방법

누구나 자신의 창조성에 자신감을 가지려면 무언가를 극복해야 한다. 바로 '실패에 대한 공포'다. 이 세상에 실패하고 싶은 사람은 없을 것이다. 하지만 실패가 두려워 도전하지 않는 사람은 많다. 만약 기업에 이런 사람만 남아 있다면, 그 기업은 어떻게 될까? 기업 내에 혁신 문화는 결코 구축되지 않을 것이다.

　이 책에서는 흥미로운 사례로 클러츠출판사의 설립자 존 캐시디John Cassidy 등이 쓴 《서툰 이를 위한 저글링 입문Juggling for the Complete Klutz》에 나오는 내용을 소개한다.

저글링을 처음 시작할 때는 공 두 개 혹은 하나로 시작해서는 안 된다고 한다. 그보다 더 기본적인 것부터 시작하라고 제안한다. 그것은 바로 '떨어뜨리기' 기술이다. 1단계는 공 세 개를 공중으로 던져 그대로 떨어뜨린다. 이것만 무한 반복한다.

바닥에 공을 떨어뜨리는 것이 떨어뜨리지 않는 것보다 정상적이다.

　어떤가? 역설적이지만, 진리 아닌가! 만약 지금 당신 회사의 직원이 두려움에 떨고 있다면, 부디 위의 사례에서 말한 저글링 1단계를 떠올리길 바란다. 어디에 응용할 수 있을까? 그 직원의 현재 업무 중 1단계에 해당하는 것은 무엇인지를 찾아 '떨어뜨리기'를 시도하게 할 수 있을 것이다.

창조성에 대한 자신감을 손에 넣으려면, 실패에 대한 두려움부터 극복하라.

창조성을 키우기 위한 8가지 방법

그렇다면 왜 창조적이어야 할까? 창조성이야말로 새로운 해법을 도출하는 데 꼭 필요한 힘이기 때문이다. 이 책에서는 창조성을 키우기 위한 여덟 가지 방법을 소개한다.

첫째, 창조적인 사람이 되기로 결심한다.

둘째, 여행자처럼 생각한다.

셋째, 느긋하게 주의하는 능력을 키운다.

넷째, 최종 사용자와 교감한다.

다섯째, 현장에서 관찰한다.

여섯째, '왜'로 시작되는 질문을 던진다.

일곱째, 과제의 틀을 다시 짠다.

여덟째, 창조적 지원을 위한 네트워크를 구축한다.

우선 해법을 찾기 위해 새로운 관점에서 다시 생각해야 한다. 그러기 위해서는 창조성이 필요하다. 우선 더 창조적이기 위해서는 당신이 그렇게 되겠다고 마음먹어야 한다. 그리고 익숙한 것들을 여행자의 눈으로 재발견하도록 한다. 아이디어는 종종 마음이 이완돼 있을 때 찾아온다. 마음을 이완시킨 상태에서 언뜻 보기에는 상관없어 보이는 아이디어들을 이리저리 조합해 보라. 물론 이렇게 떠오른 아이디어는 반드시 메모해 두어야 한다.

다음은 일곱 번째로 말한 과제의 틀을 다시 짜 성공한 사례다.

문제의 틀을 다시 짜면 해법도 달라진다

만약 의료 기기를 제조하는 당신에게 의사들이 "기존의 절개 도구로 수술하면 손이 피곤해요"라며 불평불만을 이야기한다면, 당신은 어떤 해결책을 도출해낼 수 있을까?

아마도 '어떻게 하면 의료 기기를 더 가볍게 만들 수 있을까?'를 생각하지 않을까? 다시 말해 수술 도구의 무게에 초점을 맞추지 않을까?

그런데 의료 기기 제조 회사를 고객으로 두고 있는 저자들은 이 과제를 '어떻게 하면 장시간 수술을 할 때 손에 더 편한 수술 도구를 만들 수 있을까?'라는 질문으로 재정의했다. 단순한 무게가 아니라 손으로 쥐기에 더 편하도록 무게중심점을 옮기는 데 초점을 맞춰 과제를 해결한 것이다.

당신이 지금 어떤 과제를 마주하고 있다면, 문제의 틀을 점검해 보자. 그렇게 하면 순식간에 눈앞이 밝아질지도 모른다.

성공률을 높일 수 있는 시도란?

복잡하기 그지없는 글로벌 환경에서는 조직 내에 변화나 혁신 문화를 구축해야 한다. 그곳에서 함께 일하는 사람들의 잠재력을 믿고 혁신을 추구하고자 하는 사장이라면, 꼭 시도했으면 하는 것이 있다. 바로 '실험'이다.

모두의 지지 속에 새로운 일을 시작하고 싶다면, 변혁을 실험으로 재정의해 보라.

현명하고 창조적인 팀을 꾸려 비범한 성장을 이루고 싶다면, 팀원들을 평범하고 따분한 공간에서 일하게 두어서는 안 된다.

그들이 창조적으로 일할 환경을 정비하는 것이야말로 사장이 해야 할 일이다.

이 책에서 이 말만은 특별히 기억해 두도록 하자.

당신이 일단 무언가를 창조하기 시작하면, 모든 것에는 의도가
있다는 사실을 깨닫게 될 것이다.

　거리를 걷다 보면 안내판이나 도로표지 등 다양한 표식이 눈
에 띈다. 가끔은 '밀지 말고 옆으로 당기세요' 같은 엉성한 문구
가 문에 붙어 있는 가게도 있는데, 이런 것은 실패한 디자인이다.
'용도와 의도에 맞는 디자인을 만들 수 있는가?' 여기에 바로 디
자이너의 역량이 달려 있다.

37.

역사적으로 위대한 지도자들은 인간의 감정과 이성 모두에 말을 건다

《빙산이 녹고 있다고?Our Iceberg is Melting》

존 코터John Kotter, 홀거 래스거버Holger Rathgeber

변화 관리 분야의 세계적인 석학 존 코터와 코터인터내셔널의 경영진 홀거 래스거버가 쓴 우화 형식의 책이다. 존 코터는 《기업이 원하는 변화의 리더Leading Change》, 《기업이 원하는 변화의 기술Heart of Change》 등 변화 관리에 관한 책으로 꾸준히 사랑받고 있다. 이 책에서는 '변화 관리 8단계'를 빙산이 붕괴될 위기에 처한 펭귄 마을의 이야기를 통해 그려 나간다. 개성 강한 각각의 펭귄들에게 감정을 이입하다 보면 변화 관리 과정에서 유의해야 할 점들을 자연스럽게 습득하게 된다.

변화 관리 8단계란?

리더십은 변화가 필요할 때일수록 시험대에 오른다. 그렇다면 '변화해야 할 때'란 어떤 때일까? 바로 오래된 관습을 타파해야 할 때다.

미국의 기업들은 1980년대 이후 다양한 변화를 시도했지만, 그 대부분은 실패로 끝나고 말았다. 저자들은 이러한 사례들을 연구해 변혁을 저해하는 요인들을 도출해 내고, 변화 관리 8단계를 제시함으로써 변혁을 저해하는 요인들을 돌파할 수 있도록 돕는다.

저자들이 말한 변화 관리 8단계는 다음과 같다.

1단계: 위기의식을 높인다.
2단계: 변화 추진 팀을 구성한다.
3단계: 비전과 전략을 수립한다.
4단계: 지속적으로 커뮤니케이션한다.
5단계: 행동하기 쉽게 환경을 정비한다.
6단계: 단기간에 눈에 보이는 성과를 낸다.
7단계: 변화에 더욱 박차를 가한다.
8단계: 새로운 조직 문화를 구축한다.

저자들은 위의 변화 관리 8단계를 그냥 개념으로만 전달하지 않고, 빙산이 붕괴될 위기에 처한 펭귄들의 세계에 적용해 바람 직한 리더의 모습을 알기 쉽게 제시한다.

처음에 누구를 끌어들일 것인가?

호기심 많고 창의력 넘치는 펭귄 프레드가 빙산이 붕괴될 것이 라는 사실을 감지하고 동료에게 그 사실을 알리는 데서부터 이 야기는 시작된다.

잠깐 펭귄 마을의 주요 인물들을 소개하겠다.

우선 우두머리 펭귄 루이스. 그는 경험이 풍부하고 관대해 다 른 펭귄들의 존경을 한 몸에 받는 리더다. 앨리스는 빙산이 붕괴 될 위기라는 것을 간파한 프레드가 가장 먼저 이 문제를 상담하 는 펭귄이다. 거침없는 실행력과 강한 의지의 소유자다. 그리고 잘생기고 마치 소년 같으면서 야심 따위는 눈곱만큼도 없는 버 디, 결코 사교적이지는 않지만 윤리적이고 박학다식한 조던이 등장한다.

또 이 우화에는 저항 세력을 상징하는 노노라는 펭귄도 등장 한다. 보수주의자인 노노를 통해 변화를 거부하는 사람들의 마 음을 짐작해 볼 수도 있을 것이다.

생각하고 느끼는 방식을 바꾸면 행동이 변한다

오래된 관습에 얽매여 있다가는 빙산이 붕괴될 때 함께 가라앉을 수밖에 없다.

이 우화에서도 절대 움직일 수 없는 관습들이 변화를 추구하려는 펭귄들 앞을 수없이 가로막는다. 예를 들어 이들은 '빙산이 붕괴될 위험에 대비하기 위해 새로운 보금자리를 찾으러 떠났던 정찰대가 귀환했을 때, 그들이 먹을 음식을 어떻게 마련할 것인가?' 하는 문제에 부딪힌다.

펭귄 부족에게는 아주 오래전부터 이어져 내려온 관습이 있었다. 바로 '펭귄은 자기 아이하고만 음식을 나눠 먹는다'라는 것이다.

그렇다면 정찰대에게 줄 물고기는 누가 잡아야 할까? 자기 아이하고만 음식을 나눠 먹는다는 관습을 타파하지 못한다면 정찰대 펭귄들은 귀환 후 배고파서 쓰러지고 말 것이다.

마침내 생각이 유연한 꼬마 펭귄들이 이 문제를 해결할 방법을 생각해 낸다. 바로 정찰대가 귀환하는 날을 '영웅에게 감사하는 날'로 정하고 축제를 열자는 아이디어를 내놓은 것이다. 그리고 그 입장료로 엄마, 아빠 펭귄들에게 물고기 두 마리씩을 받자고 했다.

아이디어를 생각해 낸 아이들은 이 문제를 확실하게 마무리 짓기 위해 어떤 규칙을 만들었다. 첫째, 엄마 펭귄과 아빠 펭귄은 '영웅에게 감사하는 날' 축제에 참가해야 한다. 둘째, 입장료로 엄마 펭귄, 아빠 펭귄 각자가 물고기 두 마리씩을 내야 한다. 이 두 가지 규칙을 지키지 못할 경우, 그 집 아이는 엄청난 창피를 당하게 될 것이다.

당신은 혹시 "그건 무리야", "성공한다는 보장이 있어?", "잘 안됐을 때 누가 책임질 건데?" 이런 부정적인 말들을 매일 같이 지겹게 듣고 있지는 않은가? 그러나 그럼에도 변화를 받아들이고, 변혁을 추진해 나가야 한다. 그것이 사장의 일이다.

감정과 이성 모두 움직일 때 변화에 대한 추진력이 생긴다
사람은 논리만으로는 움직이지 않는다. 사장이라면 이 사실을 누구보다 잘 알고 있으리라. 그보다는 사람의 마음을 휘어잡을 수 있어야 한다. 단, 이때 감정과 이성이 서로 모순되지 않아야 한다.

역사적으로 위대한 지도자들은 인간의 감정과 이성 모두에 말을 건다.

감정의 세계에서는 '꼭 저 일을 해 보고 싶은' 마음이 들게 해야 하고, 이성의 세계에서는 주위 사람이 '이건 실현 가능한 이야기다'라고 생각하게 만들어야 한다. 이처럼 사장이 해야 할 일에는 끝이 없다.

38.

'어떤 정보를 전달할지'에서 '어떤 의문을 품게 만들지'로 관점을 전환하라

《스틱Made to Stick》

칩 히스Chip Heath, 댄 히스Dan Heath

비즈니스 현장과 대학에서 각각 교육에 종사하고 있는 히스 형제가 쓴 책이다. 동생인 댄 히스는 세계 최고의 경영자 교육 프로그램 회사에서 워크아웃 전문가 및 컨설턴트로 일하고 있고, 형인 칩 히스는 스탠퍼드대학교에서 교수로 재직하고 있다. 칩 히스는 '나쁜 아이디어가 아이디어 시장에서 살아남는 이유'에 대해 10년에 걸쳐 연구하고, 도시 전설, 속담, 음모론, 유머 등 기억에 남는 아이디어를 수집하고 기호화해 분석했다. 그 결과 기억에 남는 아이디어와 기억에서 쉽게 사라지는 아이디어의 차이를 여섯 가지 원칙 'SUCCESs'로 체계화하는 데 성공했다.

기억에 남는 아이디어 vs. 기억에서 사라지는 아이디어

이 책은 입소문이 날 수 있는 요소나 다른 사람에게 영향을 미칠 수 있는 인자들을 분석해 제시한다. 그리고 방대한 연구 결과를 바탕으로 기억에 남는 아이디어와 기억에서 사라지는 아이디어의 차이를 풀어간다. 저자들이 말하는 기억에 남는 아이디어와 기억에서 사라지는 아이디어는 도대체 무엇이 다를까?

자, 그럼 저자들이 체계화한 여섯 가지 원칙, 'SUCCESs'에 대해 살펴보자.

- 단순 명쾌함Simplicity
- 의외성Unexpectedness
- 구체성Concreteness
- 신뢰성Credibility
- 감성Emotion
- 스토리Story

혹시 만반의 준비를 하고 참석한 기획회의에서 크게 낭패를 당한 경험은 없는가? 그런 경험이 있다면, 그때의 기억을 떠올리며 이 여섯 가지 원칙과 비교해 보길 바란다.

혹 당신의 아이디어에서는 위에서 말한 원칙 중 하나라도 빠진 것은 없었는가? 하나라도 빠졌다면 당신의 아이디어는 기억에 남지 않았을 것이다. 그 아이디어가 설령 '세기의 발견'에 버금가는 아이디어였을지라도 묵살되고 말았을 것이다.

구체적이고 강렬한 사례 하나를 소개하도록 하겠다.

자기 몸을 실험 대상 삼아 신뢰성 문제를 해결한 배리 마셜

지금은 위암의 대부분이 헬리코박터균 때문에 발생한다는 사실을 누구나 잘 알고 있지만, 불과 몇 십 년 전까지만 해도 그렇지 않았다. 1980년대 초에 한 병리학자와 서른 살의 전공의가 이 사실을 발견했을 때는 아무도 그들의 말을 믿어주지 않았던 것이다.

세기의 발견은 수십 년간 한길을 걸은 권위 있는 연구자나 하는 것이라는 사회적 편견 때문이었을 것이다. 두 사람은 의학 잡지에 논문조차 게재할 수 없었다. 이에 서른 살의 전공의 배리 마셜Barry Marshall은 동료들이 지켜보는 가운데 약 10억 개의 헬리코박터균이 들어 있는 물을 마셔 버렸다. 자신의 몸을 실험 대상으로 삼았던 셈이다.

이 일을 계기로 히스 형제가 제시한 원칙 중 신뢰성에 관한 문제가 말끔하게 해결되었고, 두 사람은 2005년 가을, 마침내 그 공적을 인정받아 노벨 생리의학상을 수상하기에 이른다.

커뮤니케이션에 능숙한 사람이 잘하는 2가지

커뮤니케이션에 능숙한 사람은 '상대방의 관심을 끌고', '그의 관심을 꼭 붙들어 두기'를 잘한다. 메시지나 아이디어가 아무리 훌륭하더라도 처음에 관심을 끌지 못하면 사람들은 끝까지 들어주지 않는다.

커뮤니케이션에서 가장 중요한 것은 어떻게 상대방의 관심을 끄느냐다.

'놀라움'은 관심을 끈다. '흥미'는 관심을 꽉 붙들어 둔다.

그렇다면 처음에 어떻게 관심을 끌 것인가? 뛰어난 발표자들은 여기에 목숨을 건다고 해도 과언이 아닐 정도로 고심하고 또 고심한다.

혹 당신은 항상 뻔한 이야기만 하고 있지 않은가? 늘 같은 각도에서만 이야기하고 있지는 않은가? 한번 되돌아보도록 하자. 그리고 당신이 움직이고 싶은 상대방의 관심은 도대체 어디에 있는지 생각해 보자.

사람들의 관심을 사로잡는 가장 기본적인 방법은 형식을 파괴하는 것이다.

당신이 움직이고 싶은 상대방을 떠올리며 어떤 형식을 파괴하면 좋을지, 그리고 어떻게 형식을 파괴할지를 궁리해 보자. 당신에게 주어진 하루하루를 당연하게 여기거나 거기에 익숙해지지 말고, 일이나 생활 속에서 많은 '놀라움'을 경험하도록 하자. 놀라움이야말로 세상을 움직이는 아이디어의 씨앗이다.

커뮤니케이션 효과를 높이려면 '어떤 정보를 전달할지'에서 '어떤 의문을 품게 만들지'로 관점을 전환하라.

사람은 놀라면 답을 찾아내려고 한다. 도대체 자신이 왜 놀랐는지 알고 싶기 때문이다.

상대방이 당신의 생각대로 움직이지 않을 때는 다시 한번 앞에서 말한 여섯 가지 원칙을 잘 지키고 있는지 되돌아보길 바란다.

다음 문장에는 단순 명쾌함과 구체성의 효과가 잘 드러난다.

단순 명쾌한 메시지란, 핵심을 찌르면서도 간결한 메시지다.

구체성은 목표를 이해하기 쉽게 만든다.

머릿속에 생생하게 그려지도록 말하라

상대방을 먼저 배려할 줄 아는 사람과 그렇지 못한 사람이 있다. 이 두 사람의 차이는 시뮬레이션 능력이 있는가, 없는가로 결정되는 게 아닐까?

적절한 이야기는 시뮬레이션과 같은 효과를 낸다. 이야기는 두 뇌를 위한 시뮬레이션이다.

한 유명 호텔리어는 추리소설을 손에서 놓지 않는다고 한다. 앞일을 내다보는 능력과 사람에 대한 관찰력을 키우기 위해서라고 한다. 직업 특성상 많은 사람을 대해야 하기에, 아마도 추리소설을 읽고 머릿속으로 시뮬레이션하며 향후 일어날 수 있는 일들을 예측해 보려는 것이리라. 그러면 이후 무슨 일이 벌어지더라도 예상 범위 내의 일일 것이다. 적어도 어느 정도의 임기응변 능력은 습득할 수 있을 것이다.

39.

꿈을 이루지 못하게 만드는 것이
딱 한 가지 있다.
그것은 바로 실패하지 않을까
하는 두려움이다

《연금술사The Alchemist》
파울로 코엘료Paulo Coelho

브라질 출신의 작가 파울로 코엘료가 쓴 책으로, 전 세계적으로 사랑받고 있는 베스트셀러다. 양치기 소년이 보물이 있는 곳을 알려 주는 꿈을 꾼 후 아프리카로 여행을 떠나는 내용의 소설이다. 양치기 소년은 좁은 세계에서 벗어나 여행하며 사기꾼, 낙타몰이꾼, 손에서 책을 내려놓지 못하는 영국인, 크리스털 가게의 주인, 오아시스의 소녀, 연금술사 등을 만난다. 여행을 하며 양치기 소년이 성장해 가는 과정을 따라가다 보면 인생에서 절대 잊어서는 안 될 일을 떠올리게 된다. 자신의 꿈을 찾아 나서길 주저하는 사람들에게 용기를 주는 책이다.

당신이 무엇을 바라는지 아는가?

당신은 지금 행복한가? 그런데 자신이 행복한지 아닌지는 어떻게 측정하면 좋을까? 자신이 행복한지 알려면 우선 '자신이 무엇을 바라는지'를 알아야 한다. 바로 이것이 소설 《연금술사》에서 하고자 하는 이야기이기도 하다.

주인공 소년은 여행을 하던 도중에 사기꾼을 만나 가지고 있던 돈을 모두 털리고 만다. 그러면서 소년의 마음은 흔들리기 시작한다. 이때 소년은 돈 한 푼 없는 불행한 피해자일까? 아니면 보물을 찾아 나선 모험가일까? 소년이 깨달은 것은 다름 아닌 '나는 나 자신'이라는 사실이다.

변화하기 싫어 꿈만 꾸고 있지 않은가?

'꿈을 이루고 싶어 하는 사람'과 '그냥 꿈만 꾸고 싶어 하는 사람'의 행동은 다르다.

소설 초반에 등장하는 크리스털 가게의 주인은 후자에 속하는 인물이다. 라마단 기간에는 단식을 하고, 하루에 다섯 번 하는 기도도 절대 빼먹지 않으며, 예언자 마호메트에 대해 이야기할 때면 눈에 눈물이 그렁거릴 정도로 신앙심이 두텁다.

하지만 그는 이슬람교도의 마지막 의무인 성지순례의 의무를 다하지 않는, 아니 다하기 위해 노력하지 않는 인물이기도 하다. 그러면서 언젠가는 메카로 순례를 떠날 거라며 실현하지 못할 꿈만 계속 꾼다.

이는 두려움 때문이다. '꿈을 다 실현하고 나면 실망하지 않을까' 하는 불안감이 행동하기를 주저하게 만든 것이다.

"나는 자네로 인해 그동안 잊고 있던 나의 무한한 가능성에 대해 깨달았어. 하지만 자네가 오기 전보다 더 행복한 것 같지는 않아. 내가 더 많은 것을 할 수 있다는 걸 알게 됐지만, 정작 그것들을 원하지 않기 때문이지."

혹시 당신은 변화를 두려운 것으로 받아들이고 있지 않은가? 변하고 싶지 않다며 저항하고 있지는 않은가? 어쩌면 크리스털 가게의 주인과 자기 자신이 겹쳐 보이는 사람도 있을지 모른다. 하지만 시대는 우리가 현재에 머무는 걸 용납하지 않는다.

당신이 바라는 것은 무엇인가? 우주를 향해 이에 대해 명확하게 밝히지 않는 한, 우주(혹은 하늘, 혹은 신)는 당신을 응원하지 않는다. 우리는 나날이 높아져가는 파도에 맞서 나아가야 한다. 그러나 닻을 내린 상태에서는 앞으로 나아갈 수가 없다.

"자네가 무언가를 진정으로 바라면 온 우주가 자네의 바람이 이뤄지도록 도와준다네."

상처받을까봐 두려운 마음은 어디에서 오는가?

인간이 가진 두려움 중 가장 큰 것은 상처받는 것에 대한 두려움 아닐까? 두려움은 모든 행동을 경직되게 한다.

"꿈을 찾아 나설 때 마음은 결코 상처받지 않는데, 그것은 꿈을 좇는 매 순간이 신과 만나고 영원과 만나는 순간이기 때문이라고 말일세."

소년은 여행 막바지에 자기 마음의 목소리를 듣게 된다. 마음이 소년에게 말한다.

"사람은 자신이 가장 소중하게 여기는 꿈이 이루어지는 걸 두려워해. 자기는 그것을 이룰 자격이 없다, 혹은 그것을 이룰 수 없으리라 생각하기 때문에 그렇지."

크리스털 가게의 주인을 떠올리게 하는 말이다. 자신에게는 그럴 만한 가치가 없다고 정하고, 자신은 그것을 달성할 수 없다고 생각하는 것이다. 그래서 꿈을 향해 나아가는 사람을 보면 자기 자신이 비참하게 느껴진다.

"꿈을 이루지 못하게 만드는 것은 오직 하나, 바로 실패하지 않을까 하는 두려움일세."

절대 자신 이외의 누군가가 될 수 없다!

후반부에는 연금술사의 명언이 많이 등장한다. 부디 연금술사와 소년이 주고받은 이야기를 직접 읽어 보길 바란다.

"납이나 구리, 쇠에게도 역시 각각이 짊어져야 할 운명이 있다는 사실을 그들은 잊고 말았네. 그리고 다른 사람의 운명을 방해하는 사람은 절대 자기 운명을 찾아낼 수 없어."

납, 구리, 쇠에게도 각각의 운명이 있듯 당신 주위에 있는 모든 사람에게는 다 각자의 삶의 방식, 각자의 운명이 있다. 그럼에도 불구하고 혹시 당신은 구리나 쇠를 무리하게 금으로 바꾸려고 하지는 않았는가?

"물론 그렇다고 해서 쇠가 구리와 같아져야 할 필요도, 구리가 금과 똑같아져야 할 필요도 없어."

혹은 자기 이외의 사람은 다 눈부시다고 여기고 항상 자신을 다른 누군가와 비교하며 한숨지으며 살고 있지는 않은가? 당신은 절대 자신 이외의 누군가가 될 수 없다. 가능성의 길을 걸어가기 위해서는 자기 자신을 믿어야 한다.

자기 자신을 소홀히 하며 살아가는 사람은 자신의 영혼과 감동적으로 대면할 기회를 갖지 못한다. 자신의 사명이 무엇인지도 알지 못한다. 자기 내면 깊은 곳에 잠들어 있는 샘물을 직접 만질 수 있을 때 비로소 세계가 변한다.

40.

공통의 목적, 의욕적인 사원, 권력 분산도 불사하는 리더가 모이면 적응력 높고 지속 가능한 회사가 된다

《DEO의 시대가 온다Rise of the DEO》

마리아 쥬디스Maria Giudice, 크리스토퍼 아일랜드Christopher Ireland

시대가 변했다. 공업화 시대를 지나 정보화 시대를 거쳐 지금은 콘셉트의 시대다. 하루가 멀다 하고 새로운 경쟁자가 등장하고, 비즈니스의 지속 시간은 점점 짧아지고 있다. 이런 변화와 속도감은 앞으로 더 가속화될 전망이다. 이 책의 저자들은 전통적 방식의 리더는 그 변화와 맞설 준비가 돼 있지 않다고 말한다. 그러면서 새로운 시대를 이끌어갈 바람 직한 리더의 여섯 가지 특징을 소개한다. 그리고 최고경영책임자인 CEOChief Executive Officer와 대비되는 개념으로 'DEODesign Executive Officer'라는 개념을 소개한다. 즉 미래 에는 디자인에 의한 리더십이 필요하다고 말한다.

지금 시스템 사고가 필요한 이유는?

요즘은 내가 변하지 않아도 주위가 변함에 따라 내 위치가 변하는 시대다. 기업도 마찬가지다. 자사가 아무리 현상 유지를 하려 해도 주위에 있는 기업들이 변화하면서 자사의 위치를 바꿔 놓고 마는 것이다.

주위의 모든 것이 변화하고 움직일 때 가만히 있으면 오히려 뒤처지고 만다.

이제는 흔히 CEO들이 갖추고 있다고 여기는 직선적 사고, 정확성을 기하는 경영 방식, 매뉴얼에 따른 업무 처리 방식으로는 경쟁에서 이길 수 없다. 지금 필요한 것은 시스템 사고다.

그렇다면 시스템 사고란 무엇일까? 시스템 사고는 '세상의 연결고리를 이해하는 능력'을 뜻한다. 조직의 각 부분을 이어주는 연결고리를 파악하는 능력이 필요한 것이다. 시스템 사고는 다른 말로는 '창의력'이라고 표현할 수 있다.

언뜻 관련이 없어 보이는 것들 사이에서 그 구조를 만드는 가치관이나 선입견 등을 간파할 수 있어야 한다. 그리고 여기에 효과적으로 영향력을 미칠 수 있는가가 열쇠다.

성과를 낳는 구조 그 자체보다 성과를 낳는 과정을 이해하려고

노력한다.

DEO는 상세한 정보나 데이터와의 싸움을 통해 의미 있고 고상한 해결 방법을 찾아내길 좋아한다.

　그렇다면 DEO로 활약하는 리더들에게는 어떤 특징이 있을까? 구체적으로 살펴보자.

DEO의 여섯 가지 특징

이 책은 DEO의 여섯 가지 특징을 제시한다.

- 변화를 일으킨다.
- 위험을 감수한다.
- 시스템 사고를 한다.
- 직관력이 뛰어나다.
- 사회적 지능이 높다.
- 일을 끝마칠 때까지 책임진다.

　DEO의 첫 번째 특징은 '변화를 일으킨다'이다. DEO는 왜 변화를 일으키는 걸까? 미래의 비전에 비해 현재의 상황이 불만

족스럽기 때문이다.

'위험을 감수한다'라는 두 번째 특징은 미래의 키워드다. DEO가 위험을 감수하는 이유는 새로운 것을 창조할 때는 위험을 동반할 수밖에 없다는 사실을 알기 때문이다.

세 번째 특징인 '시스템 사고'를 다른 말로 표현하면 '연결고리를 이해하는 능력'이다. 부분과 부분이 어떻게 연결되어 눈에 보이지 않게 영향을 주고받는지를 읽고, 실행에 옮긴다. 이 책의 저자들은 이때 분석력보다는 창의력이 중요하다고 말한다.

네 번째 특징은 '직관력'이다. DEO라 불리는 사람들은 '발견하고 싶어 하는 사람들'이다. 자기 자신이 양질의 질문을 가지고 있는 직관력이 뛰어난 사람이다.

다섯 번째 특징으로 든 '사회적 지능'은 다른 사람의 감정을 알아채는 능력인 '사회적 자각'과 무리 속에서 효율적으로 일할 수 있는 능력인 '사회적 기능'을 결합시킨다. 무엇보다 자신과 다른 사람이 어떻게 다른지 알고자 한다는 점이 흥미롭다. 서로 다르지만 공통의 가치관과 사고방식을 가지고 있다고 생각하기에 서로가 어떻게 다른지 찾아내고자 하는 욕구에 사로잡히는 것이리라.

마지막으로 이들은 '일을 끝마칠 때까지 책임진다'는 특징이 있다. 세상이 엄청난 기세로 앞으로 나아가고 있으니 당연한 일이다. 이들은 계획을 짜는 데 시간을 쓰는 걸 싫어하고, 시간을 들인 계획서의 내용을 불신한다. 그리고 일을 마무리하는 사람을 일을 시작하는 사람만큼이나 높게 평가한다.

지속 가능한 회사가 되기 위해 필요한 3가지

DEO는 매너리즘에 빠지는 것을 가장 두려워한다.

DEO는 회사가 매너리즘에 빠지는 것을 두려워한다. 따라서 '꿈꾸고', '계획하고', '실행하는' 이 세 가지를 어떻게 균형 잡아 갈지에 대해 학습한다.

새로운 회사와 거래를 시작하기 전에 반드시 그 회사를 방문해 사원들의 표정을 확인하는 경영자들이 있다고 한다. 일하는 자세나 충실함은 사원들의 얼굴에 고스란히 드러나기 마련이고, 최고 경영자의 생각이나 회사의 분위기 등은 기업 문화로 회사 내에 정착되기 때문일 것이다.

그렇다면 앞으로 살아남아 지속 발전하는 회사가 되기 위해서는 어떤 준비를 해야 할까? 이 책에서는 비전 있고 상상력 넘치는 DEO라는 존재와 함께 다음의 세 가지 요소가 필요하다고 말한다.

공통의 목적, 의욕적인 사원, 권력 분산도 불사하는 리더가 모이면 적응력 높고 지속 가능한 회사가 된다.

자신이 믿는 미래를 향해 앞으로!

앞서가는 사장은 자신이 믿는 미래를 향해 방향을 조정하며 나아간다. 그의 눈에는 다른 사람 눈에는 절대 보이지 않는 경치가 선명하게 보인다. 그리고 무엇보다 그곳에 '가장 먼저 도착하기를!' 간절히 바란다.

매일 새로운 가능성이 열린다고 여기고, '다음에 성공할 회사는 다름 아닌 우리 회사'라는 믿음을 가지고 있다.

가능성에 운명을 걸고 자신을 믿는 사람들은 세상을 완전히 변화시키겠다는 행복한 상상을 하는 사람들이다.

41.

장점과 단점의 근거가 머릿속에 동시에 존재할 때 비로소 올바른 균형을 찾을 수 있다

《왜 그 생각을 못 했을까?Why Didn't I Think of That?》

찰스 W. 맥코이 주니어Charles W. McCoy Jr.

저자는 캘리포니아주 로스앤젤레스 고등법원 판사다. 변호사 시절 선배들로부터 해결해야 할 문제의 우선순위를 매기는 방법에 관해 배웠다는 저자는 이 책에서 생각의 구멍을 메우는 방법을 풍부한 사례와 함께 소개한다. 방대한 증거 자료 속에서 의식을 어디에 집중하면 문제 해결에 필요한 단서를 얻을 수 있을까? 더 이상 손쓸 방법이 없다고 생각되는 최악의 상황을 어떻게 하면 자신에게 유리한 상황으로 바꿀 수 있을까? 이런 의문을 가진 이들에게 최선의 의사 결정을 하고, 해결책을 찾는 방법을 알려 준다.

최고의 결과를 도출하기 위한 의사 결정이란?

당신은 혹 '내가 왜 그걸 꿰뚫어 보지 못했지?'라며 후회한 적 없는가? 가까운 사람의 사소한 거짓말을 눈치 채지 못했다거나 사업을 하면서 새로운 시장 창출을 위해 나름 고심한다고 했는데, 나중에 보니 잘못된 판단이었던 경우 말이다.

문제가 복잡하게 얽히고설켜 어디서부터 손을 대면 좋을지 모를 때는 도대체 어떻게 하면 좋을까? 더구나 관련된 사람들이 많은 경우라면, 그들의 여러 감정이 한데 뒤섞여 무엇이 진실이고, 무엇이 거짓인지 알 수 없게 된다.

저자 찰스 W. 맥코이 주니어는 똑똑한 결정을 내리기 위한 다섯 단계의 지침을 소개한다.

1단계: 사실을 파악한다.

2단계: 그 사실들을 관련짓는다.

3단계: 장단점을 비교 · 검토한다.

4단계: 가능성을 생각한다.

5단계: 임계경로critical path를 따라간다.

똑똑한 결정을 내리기 위한 첫 번째 지침은 '사실을 파악하는 것'이다. 이때 무엇이 사실인지 알기 어렵다면, 당신이 사실이라고 알고 있는 곳에서부터 시작하면 된다.

명백하게 진실이라고 생각되는 중요한 사실만을 모아 짧은 목록을 만든다.

나는 생각했다. '이것이 사실이라면 이 밖에 다른 것들은 무엇일까?'

문제를 해결하기 위해서는 문제를 분해해야 한다. 그리고 이렇게 분해한 요소들이 서로 어떻게 연결되는지 끝까지 주의 집중하는 것이야말로 '관련짓는' 힘이자 똑똑한 결정을 내리기 위해 저자가 제시한 두 번째 지침이다.

이 책의 주장은 논리적 사고가 아닌 수평적 사고의 범주에 들어가는데, 그 이유는 이처럼 관련짓는 힘을 중시하기 때문이다. 똑똑한 결정을 내릴 수 있느냐, 없느냐는 바로 관련짓는 힘에 의해 좌우된다.

세 번째 단계는 '장단점을 비교·검토'하는 것이다. 이 경우, 사실들 각각을 비교하는 것만으로는 충분하지 않다. 중요한 것은 전체적인 관점에서 평가해야 한다는 것이다. 저자는 말한다.

장점과 단점의 근거가 머릿속에 동시에 존재할 때 비로소 올바른 균형을 찾을 수 있다.

당신은 복잡한 문제를 마주했을 때, 감정에 휩쓸린 나머지 어느 한쪽 입장에서만 매사를 보려 하지 않는가? 머릿속으로 장점과 단점 모두를 냉정하게 평가하고, 각각의 중요도까지 고려하는가? 균형 잡히지 않은 의사 결정을 하면 반드시 어딘가에서 일이 틀어지게 돼 있다. 그러니 이 과장에 신중하게 임해야 한다.

네 번째 지침, '가능성을 생각한다'는 지금까지의 과정을 거쳐 결정한 것이 성사될 확률이 얼마나 되는지를 제대로 판단하라는 것이다.

예전에 경영대학원에 다닐 때 한 수업에서 학생들이 열띤 토론을 벌인 적이 있다. 한참을 뜨거운 열기 속에서 토론을 벌이고 있을 때, 담당교수가 학생들을 향해 한마디 던졌다.

"그래서 그걸 실행에 옮겼을 때 전사 차원에서 얼마나 영향을 받을 거라고 생각하나?"

그 말에 강의실은 순간 정적에 휩싸였다. 학생들은 열띤 토론을 벌였지만, 사실 기업 차원에서 보면 그 영향력이 불과 몇 퍼센트도 되지 않는 사안이었던 것이다. 솔직히 그때의 일은 내게 무척 놀라운 경험이었다.

이처럼 가능성의 관점에서 생각할 때는 별도로 고려해야 할 점들이 많다. 핵심을 벗어난다면 뜨거워진다 한들 무슨 의미가 있겠는가! 따라서 리더는 전체적인 차원에서의 확률이나 영향에 대해서 판단하는 것도 잊어서는 안 된다.

최고의 의사 결정을 위한 마지막 지침은 '임계경로를 따라간다'이다. 임계경로란 원래 정보기술 분야에서 주로 사용하는 말로, 작업 시작부터 끝날 때까지의 작업을 조합시킨 경로 중 가장 긴 경로, 전체 공정 중 시간이 가장 많이 걸리는 경로를 말한다. '임계경로를 따라간다'는 것은 해결해야 할 문제의 순서를 미리 결정해 둔다는 뜻이다. 즉, 발주에서 납품까지 걸리는 일련의 공정표를 만들고, 그 순서를 따라가라는 말이다.

머리 좋은 장군은 전쟁에서 최종적으로 승리하기 위한 임계경로를 만들어 전투에 우선순위를 매긴다.

현명한 판단을 내리기 위한 다섯 가지 지침을 간단하게 정리하면 다음과 같다. 일단 사실을 찾아내고, 그 사실들을 관련짓고, 상대적으로 무엇이 중요한지를 결정한다. 그렇게 하면 문제의 순서를 잘못 판단하는 일은 없게 될 것이다.

문제 해결은 문제의 실마리를 찾는 데서부터!

컨설팅을 의뢰할 때 고객들이 꼭 하는 말이 있다.

"이대로 안 된다는 건 알아요. 그런데 도대체 어디서부터 손대면 좋을지 모르겠어요."

어려운 문제를 해결하지 않은 채 오랜 시간 방치했다가 결국 어디서부터 시작하면 좋을지 모르겠는 상황에 빠진 적은 없는가? 이럴 때는 문제의 실마리를 찾아야 한다는 사실을 떠올리자.

어디서 출발하면 가장 짧고, 우위를 점할 수 있는 경로로 갈 수 있을까? 그 출발점만 다시 찾을 수 있어도 새로운 발견을 할 수 있을지 모른다.

42.

경쟁자는 오랜 세월 함께
경쟁해 온 글로벌 기업이 아니라,
이름도 한번 들어 본 적 없는
기업이다

《리버스 이노베이션Reverse Innovation》
비제이 고빈다라잔Vijay Govindarajan, 크리스 트림블Chris Trimble

'VG'라고도 불리는 비제이 고빈다라잔이 쓴 책이다. 비제이 고빈다라잔은 전략과 혁신
분야에 있어서 세계 최고의 전문가 중 한 사람으로 알려져 있다. 그는 제너럴일렉트릭
GE 최초의 레지던스 교수이자 최고 혁신 컨설턴트였다. 저자는 개발도상국을 대상으로
한 혁신이 선진국에서는 기존에 알지 못했던 시장이나 틈새시장에서 미처 예기치 않았
던 형태로 전개되어 간다고 이야기한다. 이 책에는 P&G, GE헬스케어 등 실제로 역혁신
Reverse Innovation을 도입해서 성공한 여덟 개 회사의 사례가 풍부하게 소개되어 있다.

역혁신을 성공으로 이끄는 5가지

개발도상국 수요에 맞춰 개발한 혁신적인 제품이나 서비스를 선진국에 판매하는 것을 '역혁신'이라고 한다. 중국 지방 도시에서 사용하려고 개발한 소형 초음파 진단 장치가 2011년, 일본 후쿠시마 원전 사고 당시 의료 지원 활동에 활용된 것을 예로 들 수 있다. 전력망이 끊긴 피해 지역에서 매우 유용하게 사용된 태양광 랜턴 또한 원래는 전기가 들어오지 않는 개발도상국에서 사용하려고 개발한 제품이었다.

기술의 발전은 많은 경우 성능의 격차를 빠르게 해소시킨다. 50퍼센트의 성능을 보였던 솔루션이 불과 2, 3년 만에 90퍼센트의 성능을 가진 솔루션이 될 수도 있다. 그러면 부유한 국가의 고객이 갑자기 강한 관심을 보이기 시작한다.

그렇다면 역혁신을 만들어 내려면 어디서부터 손대면 좋을까? 저자들은 일단 선진국과 개발도상국 사이의 차이에 주목하라고 말한다. 이때 주목해야 할 차이는 다음의 다섯 가지다.

- 성능
- 지속 가능성
- 선호도
- 기반 시설
- 규제

주목해야 할 첫 번째 차이는 '성능'이다. 이는 쉽게 말해 개발도상국에서는 '가장 저렴한 가격에 좋은 성능을 추구한다'는 뜻이다. 저자들은 다소 비싼 가격에 성능 좋은 제품보다는 저렴한 가격에 성능 좋은 제품, 구체적으로 예를 들면 "15퍼센트의 가격에 50퍼센트의 성능을 가진 제품을 원한다"라고 이야기한다.

다음으로 주목해야 할 것은 '기반 시설'이다. 선진국의 경우, 이미 기반 시설이 구축되어 있는 경우가 많아 기존의 시스템을 쉽게 폐기 처분할 수가 없다. 예를 들어, 은행 온라인 시스템이나 공공 철도 시설 등이 여기에 해당한다. 반면 이러한 기존의 시스템이 없는 개발도상국에서는 처음부터 속도감 있게 최신 기술을 도입할 수 있다.

세 번째는 '지속 가능성'이다. 앞으로도 계속 환경을 훼손해 가면서 소비하고 생산한다면 전 지구 차원에서 바람직하지 않은 결과만 초래하게 될 것이다. 중국의 대기오염 등이 그 전형적인 예라 할 수 있다. 개발도상국이 지속적으로 발전하려면 환경을 고려한 솔루션이 필요하다. 이 솔루션 없이는 혁신을 이야기할 수 없다.

네 번째는 '규제'다. 선진국의 경우 기득권자가 다양한 규제를 내세우며 혁신을 방해하는 경우가 많다. 반면 개발도상국에서는 이 문제 또한 빨리 해결될 가능성이 높다.

마지막으로 '선호도'의 차이를 주목해야 한다. 나라마다 관습이 다르고 문화도 다르다. 바로 여기에 혁신의 기회가 있다는 말이다.

이 책의 저자들은 이 다섯 가지 차이에 주목하면 역혁신에 성공할 수 있다고 이야기한다.

경쟁자는 오랜 세월 함께 경쟁해 온 글로벌 기업이 아니라, 이름도 한번 들어 본 적 없는 기업이다.

인도 빈곤층 위한 심전계가 유럽에서 인기리에 판매된 사례

인도인들이 사망하는 원인 중 1위는 심장발작이라고 한다. 하지만 빈곤율이 높다 보니 5~20달러에 달하는 돈을 내고 자진해서 심전도 검사를 받을 수 있는 환자가 많지 않은 것이 인도의 현실이다. 이 문제를 해결하기 위해 GE 헬스케어에서는 'MAC 400' 이라는 휴대용 심전계를 개발했다.

GE 헬스케어에서 휴대성 좋고 배터리 성능이 우수하며, 작동하기 쉬운 이 제품을 개발하기 위해 어떤 노력을 기울였는지는 책을 통해 직접 확인하길 바란다.

이 휴대용 심전계야말로 개발도상국에서 시작된 혁신이 선진국으로 역류된 대표적 사례라 할 수 있다. 이후 'MAC 400' 매출의 50퍼센트 이상이 유럽에서 발생하고 있기 때문이다. 'MAC

400'은 병원에 고가의 장비를 들여놓을 여유가 없는 유럽 개업의들의 니즈에 딱 맞아떨어지는 제품이었던 것이다.

자, 그렇다면 어떻게 하면 진정한 니즈를 이끌어내 혁신을 일으킬 수 있을까? 저자들은 역혁신에 도전하려면 팀 구축이 중요하다고 이야기한다.

어떻게 팀을 구성하고 평가할 것인가?

혁신에는 불확실성이 동반된다. 이러한 상황에서 새로운 도전을 눈앞에 둔 팀에게 어떤 지표를 만들어 제시하면 좋을까? 그 예로 저자들은 다음의 내용들을 확인하라고 한다.

리더는 통제된 상황에서 실험을 실시했는가?

팀은 최대한 빠르게, 저렴한 비용으로 학습했는가?

명확한 교훈을 바탕으로 분별 있게 의사 결정을 했는가?

이 단계에서는 팀에 재무와 관련된 실적 향상이 아니라 '학습 효과'를 증명할 것을 요구해야 한다. 당신의 회사에서 내건 지표는 혁신의 속도를 높여줄 수 있는 지표인가? 이에 대해 지금 다시 한번 점검해 보길 바란다.

신흥국 시장에서 성공하기 위한 2가지 조건

역혁신은 현지화glocalization의 중요성을 부정하진 않는다. 오히려 저자는 글로벌 전략에서는 이 두 가지를 동시에 추진해야 한다고 주장한다. 단, 진정한 성장 기회는 대중 시장에 있다고 한다.

신흥국 시장의 진정한 성장 기회는 대중 시장에 있다. 이것이 바로 현지화가 한계에 부딪히는 이유다.

따라서 제품을 만들 때 복잡하게 설계해서는 안 된다. 대중 시장에서는 복잡한 것은 비싸다고 여기기 때문이다.

43.

당신은 제품이나 서비스를 판매한다고 생각하지만, 실제로는 '경험 가치'를 판매하는 것이다

《우리가 알고 있던 마케팅은 끝났다The End of Marketing As We Know It》

서지오 지먼Sergio Zyman

저자는 코카콜라의 전 CMOChief Marketing Officer인 서지오 지먼이다. 데이비드 오길비 David Ogilvy, 레스터 운더만Lester Wunderman과 함께 '20세기 3대 광고인'으로 뽑힌 인물 이기도 하다. 코카콜라에 있을 때 대담하게 맛을 바꾼 '뉴코크'를 시장에 출시했다가 소비 자의 분노를 사기도 했다. 저자는 이름뿐인 혁신으로는 시간과 비용만 낭비할 뿐이라고 주장한다. '수평적 성장'을 목표로 하는 혁신이 아니라, '유기적 성장'을 목표로 하는 개선 의 중요성을 설파한다.

비즈니스의 성공을 좌우하는 3가지 요소

서지오 지먼은 세 가지 요소가 갖춰지지 않으면 비즈니스는 성공하지 못한다고 이야기한다. 그 세 가지 요소는 다음과 같다.

- 핵심 역량
- 핵심 본질
- 자산이나 사회 기반 시설

세 번째 '자산이나 사회 기반 시설'의 경우는 문자 그대로를 의미하기 때문에 서지오 지먼은 별다른 설명을 하지 않는다. 반면 '핵심 역량'과 '핵심 본질'에 대해서는 상세하게 기술한다. 간단하게 말하자면 '핵심 역량'은 무엇을 어떻게 해야 하는지 숙지하는 것, 즉 '자신이 잘하는 것'을 의미하고, '핵심 본질'은 브랜드로서 자신의 본질, 즉 '자신이 어떤 사람인가'를 의미한다.

자신이 어떤 사람인지, 그리고 자신이 잘하는 것이 무엇인지를 알면 앞으로 무엇에 주력해야 할지를 알 수 있다. 반대로 이것들을 알지 못하면 뼈아픈 상황을 마주하게 된다. 저자가 '개혁innovation하기 전에 개선renovation하라'라고 주장하는 이유가 바로 여기에 있다.

왜 '개혁'이 아니라 '개선'인가?

서지오 지먼은 개혁을 '자원을 수평적으로 넓혀 가는 것(새로운 사업, 새로운 시장, 새로운 고객, 새로운 브랜드, 새로운 방향으로의 전개)'이라고 정의한다. 여기에는 막대한 자금이 필요하며, 큰 위험이 따른다.

소중한 자원을 시궁창에 쏟아버리지 않으려면 자신의 본질에 집중해 비즈니스를 전개해야 한다. 이 사업, 저 사업에 손대며 본질과 거리가 먼 비즈니스를 하고 있는 사장에게는 듣기 거북한 말일 것이다.

업종에 따라 다르겠지만, 한 사람의 신규 고객을 확보하는 비용은 한 사람의 기존 고객을 유지하는 비용보다 다섯 배에서 열 배는 더 든다.

개선은 자신이 팔 수 있는 것이 무엇인지를 생각하고, 그 다음에 이를 실천할 수 있는지를 판단하는 데서부터 시작된다.

효과적으로 개선하기 위해 정비해야 할 6가지

저자 서지오 지먼은 개선을 효과적으로 진행하기 위해 정비해야 할 여섯 가지를 구체적으로 소개한다.

- 사고방식
- 경쟁 구조
- 브랜드 포지셔닝
- 최종 목표
- 세분화 전략
- 고객의 브랜드 경험

저자는 우선 '사고방식을 쇄신하라'고 한다. 개선하려면 먼저 도전자의 자세로 임해야 한다는 것이다. 이는 마케팅에 자금을 투입했을 때의 효과를 검증하고, '가격을 인하한다'는 발상을 버리는 데서부터 시작된다고 이야기한다. 가격이 제품 선택의 기준이 되게 해서는 안 된다는 말이다.

두 번째로 제시한 '최종 목표'는 비즈니스의 방향성을 의미한다. 다시 말해 고객이 자사를 어떻게 생각하고 어떻게 느끼면 좋을지, 고객이 어떤 행동을 해 주면 좋을지가 과제인 것이다. 상품이나 서비스에만 신경 쓰고 고객의 감정은 소홀히 하지 않았는지 되돌아봐야 한다는 것이다.

'경쟁 구조'와 '세분화 전략'은 함께 살펴보자. 우선 당신은 진정한 경쟁 상대가 누구인지 아는가? 혹시 동종업계만 경쟁 상대라고 생각하고 있는가? 만약 그렇다면 큰코다칠 수 있다. 경쟁 구조는 소비자의 관점에서 파악해야 한다. 그리고 소비자에게 '왜 경쟁 상대를 두고 당신의 제품을 사야만 하는지'에 대해 명확한 메시지를 보내야 한다. 이것이 곧 '차별화 전략'이다. 세분화 전략은 차별화 전략의 일환이다.

그렇다면 다섯 번째, '브랜드 포지셔닝'은 어떨까?

당신이 무엇을 하고 무엇을 하지 않는가에 따라, 무엇을 이야기하고 무엇을 이야기하지 않는가에 따라, 어떻게 이야기하고 어떻게 이야기하지 않는가에 따라 결정된다.

브랜드 포지셔닝은 스스로 정의하고 실천함으로써 결정된다. 그리고 무엇보다 자신이 어떤 가치를 만들어 내는지를 파악해야 한다. 자신들이 움직이지 않아도 주변이 새롭게 포지셔닝하면 모르는 사이에 자신의 포지션도 바뀔 수 있다는 사실 또한 잊어서는 안 된다.

마지막으로 '고객의 브랜드 경험'에 대해서는 다음의 말을 인용하고자 한다.

당신은 제품이나 서비스를 판매한다고 생각하지만, 실제로는 '경험 가치'를 판매하는 것이다. 요컨대 이러한 경험이야말로 당신과 경쟁 상대를 구별하는 단 한 가지다.

우리 회사가 가진 보물은 무엇인가?

새로운 사업을 시작하려고 할 때 남의 떡에만 시선을 빼앗기지는 않는가? 이런 때일수록 당신의 회사가 가지고 있는 보물이 무엇인지를 명확하게 파악해야 한다.

개선이란, 자신의 핵심 본질과 핵심 역량, 그리고 기존의 자산과 기반 시설을 유용하게 활용하는 것이다.

44.

위험하다 싶은 길은 사실
자신이 가고 싶은 길이다.
따라서 그쪽으로 나아가야 한다

《내 안에 독을 품고自分の中に毒を持て》

오카모토 다로岡本太郎

"예술은 폭발이다"라는 말로 유명한 예술가 오카모토 다로의 열정적인 인생훈을 담은 책이다. 저자는 오사카 만국 박람회에 전시된 '태양의 탑'을 비롯해 다수의 독창적인 작품으로 유명한 일본의 서양화가다. '환희'를 추구하는 오카모토 다로의 발상은 어떻게 길러졌을까? 저자는 자신의 가치, 자존심, 자부심, 자기혐오에 빠진 삶으로부터 벗어나라고 말한다. 너무 많은 제약 조건에 옴짝달싹 못 하는 사람들을 구원해 주는 책이다.

진정한 자부심이란 무엇인가?

"정해진 크기에 집착하지 마라. 종이 크기 따위 신경 쓰지 마라."

오카모토 다로는 개그맨이자 화가로 각광받던 지미 오오니시에게 이 말을 전하며 틀에 얽매이지 않고 자신답게 사는 삶이 얼마나 중요한지를 조언했다고 한다.

세상 사람들이 앞다투어 지미 오오니시를 칭찬하던 때였다. 하지만 정작 오오니시 자신은 벽에 부딪혔다고 느끼고 있었다고 한다. 바로 그때 오카모토 다로의 조언을 들었고, 이를 통해 재기할 수 있었다고 한다. 상대적 평가의 틀 속에 자신을 밀어 넣지 않고 '절대적인 자신의 축'을 만들기 위해 노력했던 오카모토 다로였기에 이런 조언을 할 수 있었던 것이리라.

다른 사람과 자신을 비교하며 일희일비하는 삶은 아름답지 않다. 그런 삶에는 끝도 시작도 없기 때문이다. 반경 5미터 안에 있는 사람들과 자신을 끊임없이 비교하며 사는 한은 인생에 환희가 찾아올 리 없을 것이다. 그렇다면 진정한 자부심이란 도대체 무엇을 말하는 걸까?

상대적인 자부심이 아니라 절대적인 자부심이 있어야 한다. 그것이 진정한 자부심이다.

세계적으로 성공한 경영자나 일류 운동선수들의 인터뷰만

봐도 알 수 있다. 그들은 자기 자신을 뛰어넘으려 한다. 다시 말해 어제의 자기 자신과 싸우는 것이지, 옆에서 달리고 있는 선수와 싸우는 것이 아니다.

절대적인 자신만의 축이 없으면 끝도 없고, 시작도 없다. 끝도, 시작도 없는 곳이라면 진정한 자부심도 생겨날 리가 없다.

인간으로 마주했을 때 그 앞에 펼쳐지는 '환희'

역할이나 지위가 사람을 키워 줄 때도 있지만, 그것들을 부여받은 순간 그것들이 쓸모없어지는 사람도 있다. 이럴 때는 저자가 곧잘 사용했던 '환희'라는 단어를 의식하면 좋을 듯하다.

나는 행복이라는 말이 너무도 싫다. 나는 '행복' 대신 '환희'라는 말을 쓴다.

환희는 경쟁이나 긴장감이 없는 곳에서는 절대 생겨나지 않는다.

적당한 긴장감 없이는 환희도 없다는 의미일 것이다. 혹 당신은 경쟁이나 긴장감을 너무 부정적으로 치부하고 있지는 않은가? 생각을 조금 바꿔 보면 어떨까? 환희에 이르는 길이 바로 당신 앞에 있을지도 모르니 말이다.

"예술은 폭발이다"라는 말의 진정한 의미

"예술은 폭발이다"라는 말을 들으면 폭탄 터질 때 나는 큰 소리가 떠오를 수도 있겠지만, 본래 의미는 그렇지 않다. 오히려 소리도 없고 이리저리 흩날리는 것도 없다. 온몸과 마음을 우주를 향해 무조건적으로 활짝 펼치는 것, 그것이야말로 오카모토 다로가 말하는 폭발이다.

인간으로서 가장 강렬하게 살아가는 사람은 무조건적으로 생명을 분출하며 폭발한다. 그런 삶의 방식이야말로 예술이다.

위험하다 싶은 길은 사실 자신이 가고 싶은 길이다. 따라서 그쪽으로 나아가야 한다.

저자는 또 인간의 삶의 방식을 논하고, 바람직한 생명의 모습을 이야기한다. 조건이나 제약만 생각하며 하루하루를 보내고, 유연성이 결여된 자기 자신이 두렵다면, 꼭 읽어 보길 바란다.

인간은 '타인'을 발견한다. 이는 결국 '자기 자신'을 발견하는 일이다.

"당신이 곧 나다"라고 말하는 경지! 이것이야말로 마음에 평안을 가져다주는 삶의 방식이 아닐까? 진정으로 자신을 이해하고 싶은가? 그런데 자기 자신만 바라보면 너무 돌아가게 된다. 자신이라는 인간에 대해 알고 싶다면, 다른 사람들을 많이 봐야 한다. 그렇게 하면 근본적인 부분은 그리 다르지 않다는 사실을 알게 된다. 이때 '알게 된다'는 말은 곧 '깨달음'을 의미한다.

사람은 서로 눈에 뜨이고 서로 닿을 수 있어야 한다

자신을 너무 소중하게 여기는 것은 자신을 소홀히 하는 것과 같을지도 모른다. 자신을 온전하게 활용하려면 자신이라는 인간을 유리 상자 안에 든 장식품처럼 대해서는 안 된다는 말이다.

다시 말해 자기 자신을 너무 소중하게 여기기 때문에 이리저리 고민하는 것이다.

다른 사람 눈에 뜨이고 다른 사람 손에 닿을 수 있어야 한다. 이런 교류 속에서 또 다른 에너지를 주고받을 수 있기 때문이다. 유리 상자 안에 있어서는 결코 환희를 맛볼 수 없다.

옮긴이 김진연

성신여자대학교 경영학과를 졸업했고 한국외국어대학교 통번역 대학원 한일 국제회의동시통역학과를 수료했다. 현재 번역 에이전시 엔터스코리아 출판기획 및 일본어 전문 번역가로 활동하고 있다.
옮긴 책으로는 《생각을 바꾸는 습관》《가치 있는 나를 만나는 20가지 질문》《이나모리 가즈오의 사람을 내 편으로 만드는 기술》《이나모리 가즈오의 아메바 경영 매뉴얼》《리더를 위한 관계 수업》《경영자가 가져야 할 단 한 가지 습관》 등이 있다.

사장을 위한 명문장 260

초판 1쇄 발행 2021년 2월 26일

지은이 시란 유
펴낸이 정덕식, 김재현
펴낸곳 (주)센시오

출판등록 2009년 10월 14일 제300-2009-126호
주소 서울특별시 마포구 성암로 189, 1711호
전화 02-734-0981
팩스 02-333-0081
전자우편 sensio0981@gmail.com

기획·편집 이미순, 심보경
외부편집 고정란
마케팅 허성권
경영지원 김미라
디자인 섬세한 곰

ISBN 979-11-6657-005-6 03320

소중한 원고를 기다립니다. sensio0981@gmail.com